RE: formation thoughts

Re:framing our minds, **re:questing** actions and **re:sharping** the church life

你的

RE: 牧養職事系列

Letters to New Pastors

致新手牧者的信

金建時 著
陳永財 譯

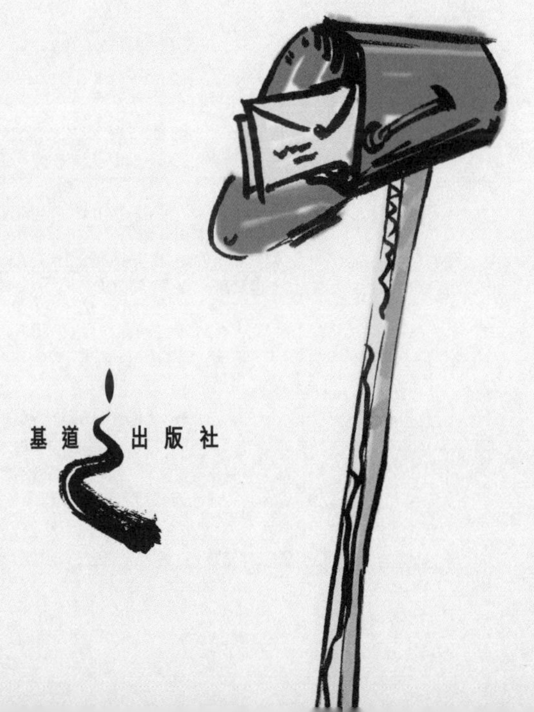

基道出版社

▼

Re: 牧養職事系列

致新手牧者的信

Letters to New Pastors

作者
金建時 Michael Jinkins

譯者
陳永財

責任編輯
李慧儀

裝幀設計
奇文雲海 · 設計顧問

■

出版 / 發行
基道出版社
香港沙田火炭坳背灣街 26 號富騰工業中心 10 樓 1011 室
LOGOS PUBLISHERS
Unit 1011, 10/F, Fo Tan Ind. Centre, 26 Au Pui Wan St., Shatin, Hong Kong
電話：(852) 2687-0331　傳真：(852) 2687-0281
網址：https://www.logos.com.hk

承印
海洋印務有限公司

●

7/2010 初版
Cat. No. LP372A
ISBN: 978-962-457-403-6

刷次	11	10	9	8	7	6	5	4	3	
年份	2032	2031	2030	2029	2028	2027	2026	2025	2024	2023

致謝

獻給約翰斯頓(Scott Black Johnston)

「偉大的事物並不會是突然存在的。」

——伊比德圖(Epictetus),《論述》(*Discourses*),卷一

我要感謝埃德蒙斯出版社(William B. Eerdmans Publishing Company)的波特(Jon Pott)和旺蒂(Reinder VanTil)的鼓勵,特別多謝波特邀請我寫這本書。我衷心感激那些在我預備和撰寫這本書時與我分享他們的故事、問題、洞見和反思的牧者和學生。我也感謝一羣奧斯汀神學院(Austin Seminary)的學生,他們是我的每週祈禱小組「基本的敬虔」(*Foedus Pietas*)的成員,他們願意閱讀我寫的這些書信並提出意見。這些書信蓋上了不可磨滅的印記,而那就是小組的敬虔之思。正如一直以來那樣,我十分感激我在奧斯汀長老會神學院(Austin Presbyterian Theological Seminary)學系的同事,感謝他們給我的友誼和對教會及基督教事工的愛;我也十分感激院長沃德洛(Ted Wardlaw)和理事會不斷的支持和鼓勵。

我懷著感激將這本書獻給我朋友，亞特蘭大州（Atlanta）的喬治亞（Georgia）的三一長老教會（Trinity Presbyterian Church）主任牧師——約翰斯頓（Scott Black Johnston）。

目錄

引言

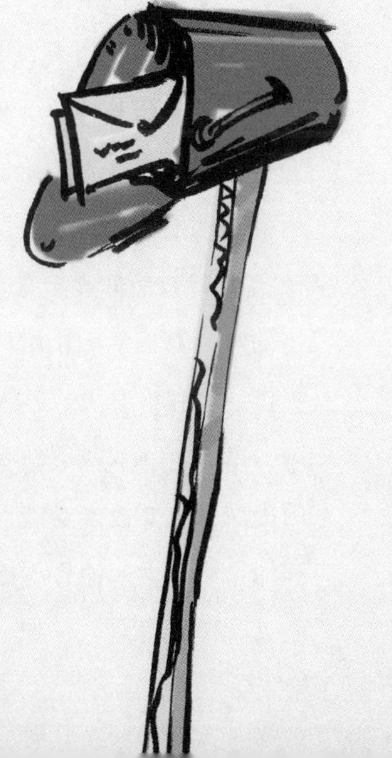

引言

近年通訊科技的出現幾乎令書寫信札成為絕響。不過，我仍然相信書信的力量。我儲起學生、同事、家人和朋友的信件，並且一再重閱。在耽於短暫和膚淺的文化中，信件依舊具有那股在收信人心中留下深刻和持久印象的力量。對身處羅馬的初代基督徒，我不認為發自聖保羅的電郵或電話能發揮出跟保羅當天寄給他們的信件一樣的影響力，他們拿這封信與其他教會分享，並傳遞給我們。

基督教信仰裏，有一悠久和尊貴的書信傳統，由經驗豐富的牧者寫信給較稚嫩的同道。大致説來，這些著作是用來提供鼓勵和指導的，雖然有時也趨於告誡和勸導。

提摩太前後書是這個傳統的開端。老練的牧者告訴年青的提摩太，要改換交談方式，以合於教會的不同會友——長和幼，男和女。他告訴提摩太，他事奉的哪些方面是必不可少的，哪些方面則不然。他告訴提摩太，要留意自己的健康（提前五 23：「因你胃口不清⋯⋯可以稍微用點酒」）；不要因為自己的年紀而抱防衛態度，也不要容許人們因為他的年紀而輕看他（提前四 12：「不可叫人小看你年輕」）；一切都要堅守主耶穌基督的信仰（提後二 1：「我兒啊，你要在基督耶穌的恩典上剛強起來」）。給新手牧者寫信這豐富的傳統就這樣開始了。

其他信件和書籍，無論是否特別寫來指導新手牧者，都被教會為了這個目的而使用。拿先斯的貴格利（Gregory of Nazianzus）在動盪的四世紀寫作，向會眾解釋他為甚麼在接受按立後立即跑到山上，逃避自己的召命和會眾。在貴格利的自辯中，提出了人們最早期對牧職的描述，而且至今仍然是最美麗和感人的描述。在很多方面，屈梭多模（John Chrysostom）的《論牧職》（*On the Priesthood*）和大貴格利（Gregory the Great）的《牧養操練》（*Pastoral Discipline*）這兩本由古代教會流傳下來的永恆經典，都只是闡釋拿先斯的貴格利定下的主題。貴格利的朋友，該撒利亞的巴西流（Basil of Caesarea；又稱大巴西流〔Basil the Great〕），是四世紀的另一位正統信仰英雄，將他很多最重要的神學洞見都嵌在給年長和年青牧者的信中。在洛布經典系列（Loeb Classics Series）裏，他那些充滿牧養和屬靈智慧的書信佔了四卷。更正教徒讀者更熟悉的當然是赫伯特（George Herbert）的《鄉村牧師》（*The Country Parson*）；巴科斯特（Richard Baxter）的《改革派牧師》（*The Reformed Pastor*）；

司布真（Charles Haddon Spurgeon）的《給學生的演講》（*Lectures to My Students*）；尼布爾（Reinhold Niebuhr）以《一個被馴服的憤世嫉俗者的日記選》（*Leaves from the Notebook of a Tamed Cynic*）這個書名出版的日記；潘霍華（Dietrich Bonhoeffer）的《團契生活》（*Life Together*）；以及更近期的畢德生（Eugene Peterson）和韋利蒙（William Willimon）的神學反省和利舍爾（Richard Lischer）的回憶錄。

在小亞細亞一條幾乎被人遺忘的鄉村的一個不情願的主教（貴格利），或十七世紀在英國的一個貴族詩人和教區長（赫伯特），或在福特（Henry Ford）的底特律（Detroit）的一個年青牧師（尼布爾），新手牧者跟這些人的掙扎和洞見產生共鳴的方式，總是令我驚訝。雖然我們與這些牧者和他們服事的會眾可能相隔幾千里和多個世紀，但我們有共同的呼召。[1]

我受益於這個傳統已經超過三十年，最初是作為一個渴望向更有經驗的牧者學習的牧者，後來則作為新手牧者的教師和同事。教會的集體智慧對新手牧者的好處，遠比我希望自己的個人觀察可以做到的，多出很多。因此，我所寫和所收的這些書信，有意識和刻意地為當代讀者檢索這些牧養職事的經典資源。

我開始寫這本書時，想將讀者聯繫到這更深、更全面的書信傳統，並讓這些教導我「成為牧者是甚麼意思」的男女發聲。我特別想避免擺出專家的姿態，這種姿態很容易在這種書中出現，給人一個自大和完全虛假的印象，令人以為作者是智慧的泉源。

埃德蒙斯的總編輯波特最初提議我寫這本書時，建議我將它寫成澤爾策（Richard Selzer）《致青年醫生的信》（*Letters to a Young Doctor*）的牧者版本。雖然最初我拒絕以書信形式來寫作本書（只不過是想以《致新手牧者的信》為題，以此作為一個簡便的方式，在常規的書籍章節結構中，引入牧養藝術的不同課題），但隨著本書漸漸成形，我發覺到，較諸直書胸懷的散文體裁，書信集的形式更忠於我所認識的牧者生涯。讀者也可能感到更有趣。書信可以反映出貌似無序的牧者生命。它們也傳達了一些關乎在事奉中擷取牧養智慧的事情——從實際的事奉上擷取牧養智慧往往是非系統化和片段式的。書信流動不定地游走，走回本身那裏。它們不單重述事實，也反映作者的靈魂，以及主題的內在精神。書信集有時會藉著重複來強調重要的事情，我也嘗試模仿這點。閱讀書信集有著一種近乎罪疚的快樂，這感覺部分緣於一種偷窺的快樂，但還有其更深層的原因。例如：我閱讀奧康納（Flannery O'Connor）已經出版的書信集《存有的習慣》（*The Habit of Being*）時，我感到自己接觸的不單是她的想法和她的思想。我感到我與她相遇，在她愉快和陰鬱的情緒中與她相遇。這相遇親自指導我。[2]

書信將我們引入活生生的對話；儘管你在這本書信集裏，會發現你總是好像闖進已經展開的對話之中，而且你不能夠（至少是不能夠直接地）聽到收信者的聲音。我給讀者留下很多想像空間，部分是出於對我嘗試模仿的現實的尊重，部分是因為我信任讀者的想像力可以填補那些空隙。

很多讀過魯益師（C. S. Lewis）的《飛鴻22帖：魯益師論禱告》（*Letters to Malcolm: Chiefly on Prayer*）的人都同意，令他的書綻放生命的其中一個原因，是這些書信的方式邀請我們個別地反思自己的禱告生活，而關於禱告這個主題的典型書籍則可以令讀者敬而遠之。書信集是（或許）更有效的傳達方式，因為它間接地給予指導。讀者應邀考慮通信一方給另一方的建議，但它們卻沒有直接向讀者說話。讀者在閱讀這些私密的文件時，可以保持自己的自由，也可以自由地思想有關建議，保持距離地作出認同或不認同的抉擇，被書信的作者吸引或激怒。這容許讀者有試驗作者思想的自由，看看哪些是適合自己的。

本書的信札不是寫給一位牧者的。這些書信有幾位收信人。馬爾科姆（Malcolm）是一個還未到三十歲的年青人，他大學畢業後便進神學院，然後獨力牧會。蘇珊（Susan）是三十多歲的助理傳道，在廣告界工作了一段短時間後開始事奉。吉姆（Jim）剛從神學院畢業，比較成熟，工作了多年後才加入牧職行列。多蘿西（Dorothy）以牧養為第二生涯（second career），努力明白如何整合輔導與牧養事奉。還有其他收信人。這些收信人都是虛構的，他們都是借鑒自現實的模擬人物。不過，他們都是以真正的牧者為模擬的基礎，而且很多都是我以前的學生，是我有幸認識了多年的，但他們都是複合的人物。沒有一個人是這本書中任何個別受書牧者的原型。他們的故事、問題、擔心和洞見，都是我不久之前從信件、電郵和電話談話得悉的，這一切交織於整本書中，並且一再相互交織。

書信形式也讓我這個作者可以脱離像魔術師般神通廣大的虛構力量，不用好像全知的敍述者那樣隱藏在故事的外圍。聽起來可能讓人感到奇怪，雖然我是這本書的作者，但我不是這些信件的作者。這些信的作者是比我更好、更有經驗的牧者，其聲音是由幾把聲音結合起來的，代表了我（身為牧師和教師）在整個事奉生涯中欣賞、尊敬和學習的牧師、教會領袖和教育家的聲音。這些信件的作者的聲音所代表的，包括：馬尼（Carlyle Marney）、納爾遜（C. Ellis Nelson）、多倫斯（James B. Torrance）、福格爾曼（Bill Fogleman）、皮滕杰（David Pittenger）、布拉德肖（Kenneth Bradshaw）、杜恩（Ilene Dunn）、亞當斯（Louis Adams）、愛德華滋（Gordon Edwards）、門登霍爾（Laura Mendenhall）、沃德洛、恩賴特（Bill Enright）、已故的奧爾索普（Thomas Allsop），以及其他很多人。我童年時遇上的牧師，那些我所認識、是我同事和朋友的牧師，也都混入了作者的聲音中。不過，這些書信的作者也有他自己的個人好惡、習性和盲點。有時他很有魅力、敬虔和十分敏鋭。在其他時候，他則大叫大嚷，甚至發怒。我的目標是令他儘量真實，以致我們不單可以從他的牧養智慧，也可以從他的錯誤，以及他怎樣處理那些錯誤中學習。

這些書信處理的問題和課題的一個重要來源，是我任教多年的奧斯汀長老會神學院課堂上與學生的互動，那些課程包括「進入牧職」、「牧養的呼召」、「牧養職事的職權與變革」和「教會的將來」等。牧者和教會領袖的參與，將他們的牧養實踐直接帶入神學院的課堂，令這些課程更豐富。例如：曾修讀「進入牧職」的學生，會在這本書中再次聽到那些參與我們年度研討會專題小組「我希望當時我知道我現在知道的事情」的牧者的迴響。雖然那些事件經過很多修改，藉以保護牧者和教會會友的身分，但那些參與這些課堂，向我提出問題、關注和故事的人一定會在書中認出自己和他們認識的人。其他讀者發現那些看似獨特的故事，其實不是單單發生在自己身上，可能會叫他們感到驚訝。

當然，這本書中的信件是虛構的，不單因為它們包含參照和正式的註腳，而且很大程度上是我想像的產物。（雖然我現實生命的書信偶然也有相同的特點。）這些信件是虛構的，主要的意思是它們包含人為成分，也就是「計策和手法」，正如牛津辭典說的，目的是「用來製造假象或欺騙」。這些信的目的是利用虛構來欺騙我們進入真理，這也就是小說所做的事情。如果這些信件不是虛構的話，我永遠不能講述書中包含的事件。那些最好的故事和洞見，是那麼接近那些本書模糊了其職業的男女的經驗，如果我不能行使將他們的故事改頭換面的自由，我根本不能講述這些故事。除了詩歌以外，即使披上了虛構的外衣，傳記或許仍總比任何其他文學形式教導我們更多東西。當歷史學家的藝術品衝擊人心那難以對付的奧祕時，就像詩歌一樣，傳記說得最少時，教導我們的也最多。不過，與傳記所不同的是，有時詩歌單單在平凡的表面上輕輕撥弄文字遊戲，已經可以給我們最大的教訓。我往往感到，當傳記和詩歌的讀者的注意力從最初將他們帶到書頁的東西轉移到其他地方時，他們往往學到最多東西。

十九世紀其中一個最受歡迎的講員布魯克斯（Phillips Brooks；據説布魯克斯去世時，全國都哀悼，雖然今天人們很大程度上記得他是「伯利恆小城」〔O Little Town of Bethlehem〕的作者），曾經鼓勵年青牧者閱讀教會偉大人物的傳記。不過他警告說，若然年青牧者是「為了尋找方法而閱讀」，即使關於最偉大的牧者的最偉大傳記也會毀掉他們。但如果人們閱讀是要發現他們的靈，以及他們的屬靈歷史，傳記卻可以給青年牧師很大益處。[3] 這本書不是寫來提供方法，而是描述品格——布魯克斯所說的「靈」——這品格是所有偉大職事的關鍵，存於每個優秀牧者的心中。

書信

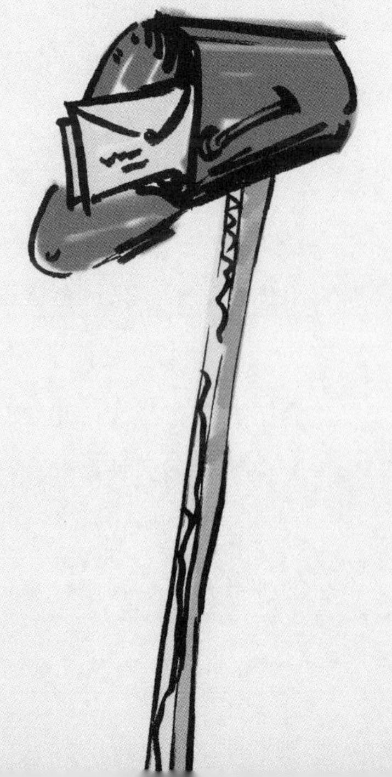

1

投身工場的驚歎

我讓自己落入甚麼景況？

親愛的馬爾：

你上一封信以這個問題結束：「我讓自己落入甚麼景況？」

我認為答案取決於你所想的是否和你所說的一樣。是**你**令自己落入你身處的困境麼？如果你是這樣的話，你最好脫離它。而且要盡快。

馬爾，牧養職事不是職業（career），它是召命（vocation），如果你是自己選擇它的，你便去錯地方了。如果你留下來，只會為自己和別人帶來很多傷害。

你離家前赴神學院那天，你記得我跟你說了甚麼嗎？我們站在你父母家的車行道，八月的陽光灑在我們身上。你對上神學院感到那麼興奮，急不及待要起程。你駕車離開前，我說：除了按牧外，如果世上還有其他事情是上帝會讓你做的，無論那是甚麼，你便應該去做那事情。你看著我，彷彿我瘋了。

你說：「你是我的牧師。你不是應該鼓勵我事奉嗎？你不是喜歡你所做的事情，以致會推薦給別人嗎？」

我說：「我當然喜歡當牧師。上帝呼召我作牧師。世上沒有其他工作是我想做的，即使在最艱苦的日子也是這樣。如果上帝也呼召你，我便百分百支持你。但如果沒有上帝的呼召，沒有人應該進入這職事。」

記得那次談話嗎？

馬爾科姆，我仍然相信那天我告訴你的話。正如畢德生說：「如果你蒙召，成為牧者便是最好的生命。」[1]每天都有新機會在上帝的世界參與上帝的工作，在人們生命最關鍵的時刻觸摸他們。還有甚麼召命比這更美好？

牧者的生命是能夠想像的生命中最完滿、最豐富的。對蒙召從事牧養職事的人，這召命本身令我們更深入上帝同在的操練（正如加爾默羅修會〔Carmelite〕的密契主義者勞倫斯弟兄〔Brother Lawrence〕所說），是我們最初作出按牧誓言時不可能想像得到的。一位牧師將它比作朝聖的旅程：「如果不是去天上的城市，至少是朝向那賜給我們的生命的最完滿表達。」[2]如果多個世紀前的聖愛任紐（Saint Irenaeus）所說的話：「上帝的榮耀是全然活出的人性」（“The glory of God is humanity fully alive”）是對的話，還有甚麼呼召比牧養的呼召更刺激？我們每天都有機會在人性之中，包括我們自己的人性中，看見重新被喚醒的上帝的榮耀。[3]

世上沒有召命能給你運用這麼多恩賜和技巧的機會。尼布爾在擔任牧師時，在日記中記述一個年青人的故事，那個年青人認為，再「沒有明智的人」會考慮作牧師。尼布爾回答說：「雖然教會有那麼多缺點，牧職作為職業有那麼多限制，我們還可以在哪裏投資自己的生命，是可以同時朝那麼多方向而又能更有效的呢？⋯⋯這個任務要求社會科學家的知識，詩人的洞見和想像，商業〔領袖〕的行政天分和哲學家的智力訓練。」[4]

事奉不是容易走的路。今天的牧者不如五十年前那麼受尊重。人們已經很少視他們為市鎮中的「首席公民」。他們的責任往往比他們的影響大得多。會眾對他們的期望，以及他們對自己的期望，往往是不切實際的。即使是最好的日子也有艱難的時刻，有時令人心碎的時刻是那麼陰鬱，以致令他們整個世界都蒙上陰影。我感到你可能至少已經自行發現了部分事實。

我見過牧師在接口上崩潰——耗盡、筋疲力盡、擔心得要死、健康受損、家庭破裂、教會分崩離析——因為他們不能接受這獨特召命的要求和酬賞。正如加爾文（John Calvin）指出，事情最艱難時，只有上帝的呼召支持著我們的事奉。

如果上帝沒有呼召你接受按立成為牧師，你便只能夠孤軍作戰。這實際上也不是你想去的地方，因為你不能獨自應付！

正因為這樣，屈梭多模對一個掙扎不要進入牧職的青年朋友發出警告。「我認為，正確的路是對這職事存非常的敬畏，以致在開始時避開它的責任。」[5]正如耶穌說，相較於開始後才回頭望，最初不將手放在犁耙上是更好的做法（路九62）。我們都應該更認真看待這個警告。

因此，如果你的問題是認真的話——「我讓自己落入甚麼景況？」——在你給自己和別人帶來不能修補的傷害前，立即**離開事奉**吧！

不過，我懷疑你並非真的這樣想。你沒有一刻相信是你讓自己落入這光景。你相信上帝呼召你進入事奉。你知道嗎？我也這樣相信。我相信上帝呼召你事奉。

事實上，關於上帝呼召你當牧者，我相信你是最後一個覺悟此事的人。你在教會的建築物裏蹣跚學步時，大部分最熟悉你的人已經知道上帝呼召你。馬爾科姆，我做了你的牧師超過十五年，我可以肯定地告訴你：有一大羣人見證你的呼召。

你教會的主日學老師哈珀太太（Mrs. Harper）在一個主日的崇拜後來到我的書房，說她感到你肯定要成為牧師，她打算這樣告訴你時，當時你大概只有八歲。而且不單她是這樣。你的青少年牧者丹尼斯（Dennis）；帶你到醫院探訪時留意到你多麼喜歡與別人一起的霍爾先生（Mr. Hall）；你的朋友比爾（Bill）和伊萊恩（Elaine）——他們都比你更早知道你的呼召。

有時上帝的呼召就是這樣。上帝的靈透過教會的人說話，幫助我們辨別上帝給我們的恩賜。

一天你來見我，我想你當時正在讀大學二年級，你說你相信上帝呼召你事奉——很多人為此付上的眾多禱告得到了應允；你是惟一因為這個呼召而感到驚訝的人。

不，我沒有一刻相信是你令自己落入這景況。這表示你也不能真正令自己脫離它。我們都應該祈求上帝讓你看到怎樣活於這呼召中，並且走到最後。

感恩的是，我們事奉有效與否，並不是取決於我們。我們的職事和我們的呼召，好像我們的生命一樣，都在上帝手中。你記得海德堡教理問答（Heidelberg Catechism）的話嗎？「在生命和死亡中，甚麼是你惟一的安慰？」「**我的身體和靈魂，無論是生是死，都不屬於自己，而是屬於我信實的救主耶穌基督。**」這認信不單是給個別基督徒的。它也是整個教會的認信。**教會的身體和靈魂，無論是生是死，都不屬於她自己，而是屬於她信實的救主耶穌基督。**我們的教會，我們的職事，我們的計劃，我們的服事，我們的見證，我們的崇拜——全都屬於上帝，因而延伸為也屬於我們。我們稱之為「屬於我們的」這一切，都是來自上帝的恩賜。這是帶來深刻和持久安慰的話！我們蒙召投身的，是一個永不是屬於我們自己的呼召。這是上帝在上帝的教會為了上帝的世界而有的職事。

這一切都將我帶到格里姆斯比先生（Mr. Grimsby）和思雷希太太（Mrs. Thresh）以及你提出的其他問題。格里姆斯比先生和思雷希太太將你迫瘋是可以理解的。也是正常的。我懷疑他們已經將大部分牧者迫瘋。格里姆斯比先生不斷投訴你說的話和做的事，這無疑是令人煩擾的。（順帶一提，他對於你上主日在崇拜引入的改變所說的話可能是有道理的

——他令人討厭並不表示你不應該聽他說話。）至於思雷希太太不願意讓年青的專業女性每星期聚會時使用銀茶具也是令人煩擾的。但上帝的國不能免於惱怒和煩擾，教會也不是理想主義者的空想或烏托邦。教會並不是離地十二尺在空中盤旋。無論上帝在教會實行甚麼改變和模塑的奇迹，那些奇迹都發生於你生活和崇拜的地方，發生在各大街小巷中。

你明白這點。我懷疑你一直都知道職事是怎樣的。牧養職事的呼召不是呼召人們與世隔絕地默想。你不是蒙召作隱士。正因為這樣，在某些傳統裏，牧者的召命被理解為「世俗」的召命，而不是「宗教」的召命。我們這些蒙召實行牧養職事的人，蒙召在上帝的百姓**中**以上帝的百姓這個**身分**生活和服事。職事在真實世界中發生，正如基督在真實世界中被釘十字架和復活一樣確實。

牧者和會眾都是**上帝的**百姓，但我們從沒有停止成為**百姓**。我們是人，這個事實並沒有使我們偏離上帝呼召我們實行的神性目的。如果道成肉身的教義教導我們甚麼的話，那就是這事了。詩人佛洛斯特（Robert Frost）掌握了這神學脈絡，他寫道：「但上帝親自下降／成為人身是為了／作為示範／顯示至高的好處／在於冒險讓靈／具體化。」[6]

是靈（Spirit）的上帝為了世界成了血肉之軀。同一位上帝以耶穌的名義，呼召我們進入牧養職事，此一了不起和令人興奮、快樂又令人迷惘、混亂又令人挫敗的召命之中；在那裏，上帝的生命在上帝的百姓中間成了有血有肉的實在——而且每天都是這樣。這是教會的日常神蹟。而它的毫不特別，並不能使它因而不再是神蹟。教會存在政治和衝突和誤解和各種反常而又習以為常的行為，並不表示上帝不在這些人中間工作。它只是提醒我們上帝在應付甚麼——人。

聖貴格利不單是四世紀的重要神學家，也是小亞細亞拿先斯村的牧者。他形容教會是怪誕的野獸，是其他各種動物的混合體，「有不同大小和不同程度的溫馴和野性」。他說牧者的主要工作是帶領和照顧這野獸，知道甚麼回應適合野獸身體的每一部分。他寫道：「由於教會的共同身體是由很多不同性格和思想組成，好像由不協調的肢體器官組成的一隻動物，它的牧者絕對需要同時在各方面都簡單地保持正直，在應付個別的人時，又要盡可能多面和多變，以恰當和適合的方式應付所有人。」[7]

我喜歡貴格利的比喻，但我想將它再擴展一下。教會是一個不折不扣的動物園，園裏有多種野獸。但牧者不一定是動物園管理員。有時他們是管理員，但並非總是這樣。事實上，牧者更像是上帝的教會動物園中的另一隻猩猩；基督自己是動物園管理員、飼養員和獸醫。

最近由於鄰近的一位牧師所遇到的事情，令我經常想起貴格利的評語。

過去幾個月，我在皮奇格羅夫社區教會（Peach Grove Community Church）的同工，讓一件比較輕微的事件發展成嚴重的危機。我寫這封信時，他的動物園混亂一片。那也是可耻的，因為他是相當正派的人。但我不知道他能否安然渡過這混亂。

來到皮奇格羅夫後，他立即在崇拜中作出幾個明顯的改變。他更改了崇拜的禮序中的講道時間。他刪除了認罪和使徒信經環節。他將崇拜所唱的詩歌由三首減到兩首。他將崇拜委員會為主餐預備的餅（其製造方法在教會恭敬地傳遞了至少八代）改為無酵餅。當一些長老去到他的書房告訴他，他們已經抱怨了多個星期時，他對他們說，他這樣做是將崇拜恢復到更恰當的模式。他拒絕讓步。接著便出現騷動。

關於他的謠言傳遍教會。問題開始在各種奇怪的地方出現。關於主日學課程而產生的衝突，關於委員會開會的時間也產生衝突，關於他太太想將牧師寓所髹成甚麼顏色亦引發衝突。一夜之間，一切事情都能引發無緣無故的衝突。

於是我的同工採取防衛態度，將其堡壘的吊橋收起。一個主日，他發現講壇上貼了一張紙條。我不會詳細講述那紙條說甚麼，但內容不是稱讚。有人向教會的負責人投訴他。不到幾個星期，教會裏便流傳一封要求他辭職的請願信。那是一間二百五十人的教會，請願書上有七十個名字。他成了皮奇格羅夫的牧師還不足一年。

幾天前我和他喝咖啡。他想為自己的去留作個決定。那談話令我感到困擾，因為他一再將會友稱為「牧師殺手」。我不懷疑的確有教會殺死牧師，但他的教會不是這樣的教會。我認為他只是與會友展開了受睪丸素刺激引起的權力鬥爭。根據我的經驗（我以正常的事後孔明的優勢來看），當會友抗拒我的想法時，他們大多都是對的，即使我提出的那些想法本身有些優點。很多教會，特別是好像你們那間小型教會，每隔幾年便有新牧師，他們可以生存下去，主要是因為不理會或抗拒牧師的創新。我不知道我的同工將會做甚麼，但我感到這一整片不合上帝心意的混亂是那麼不必要。

我神學院的一位教授經常説，第一年在教會時不要作出任何重大改變，至少要直到你和會友建立了一定程度的互信，方可進行改革。當然，這不是嚴格的規則，但我覺得一般來説，太早引入改變，而且得不到廣泛支持，只會妨礙建立良好牧養職事所必須有的持久信賴。特別是關乎崇拜的改變。

我猜我説這一切，是因為我想在上帝呼召你成為牧者，和上帝呼召教會成為教會之間，引出一個平衡。上帝的呼召透過上帝整羣百姓的聲音傳遞。它從來都不是私人或個人的。透過教會的眾人，上帝的靈藉而向我們説出上帝的話語，呼召我們事奉上帝。但是上帝招集羣體的方式並不僅止於此。上帝顯然喜歡羣眾。透過祂所帶領的教會，上帝藉而繼續作為教會的領袖來説話。這也不是私人或個人的。教會的領導是慎重的。換句話説，我説的不單在實際上是真實的，在神學上也是真實的！牧者和教會一起商討他們的路。他們一起尋求知道上帝在他們當中的心意和思想。

最好的牧者鼓勵眾人審慎。最好的牧者尊重上帝的靈在羣體中的活動。最好的牧者幫助人們發現上帝給他們的恩賜。最好的牧者幫助人們加強他們的洞察力，加深他們的理解，並運用上帝呼召他們運用的領導——即使（可能特別是）他們不同意牧者的意見。

有人曾經說，信任在牧養職事中是那麼寶貴，以致我們應該小心運用賜給我們的東西。我們當然不應該將它浪費在我們喜歡而教會不如我們那麼有熱誠的計劃和觀念上。但若相較於單單儲存起這些給予我們的信任，我認為我們還是可以做得更好的。我們應該嘗試明白，教會會眾身為上帝的百姓，他們蒙召成為誰和做甚麼；然後，以能夠產生複息的方法，將會眾給我們的信任進行投資。信任是賺來的，如果處理得好，它可以帶來很高的利息。要贏得教會的信任，第一步往往是讓他們看見我們尊重他們。

從神學上來說，這表示身為新手牧者，要學習尊重和欣賞基督在教會裏的作為，在我們來到這教會以前，祂已經在那裏作工很久。我們沒有將上帝從神學院或我們的母會帶去所事奉的教會。遠在你搬屋的客貨車未駛進這城市之前，上帝已經在你的教會工作了很久。除非我們首先成為門徒，否則我們不能成為好牧者；而正如你在基礎新約希臘文課堂上學到的，門徒就是樂意學習的人。

我猜我實際上在（以頗為迂迴和長氣的方式）說的是，格里姆斯比先生和思雷希太太是上帝給你的禮物——有時他們確實令人煩躁和討厭，但仍然是上帝的禮物。格里姆斯比先生想他的姪兒蒙召成為你教會的牧師。你知道這件事的，不是嗎？或許他會克服這事，或許他不會。我懷疑思雷希太太擔心那些使用那銀器的人不認識那些銀器所紀念的教會聖徒，以致那些人可能不會以恰當的尊重來使用這些銀器（及所象徵的對那些聖徒的紀念）。她可能視銀糖碗上面的一條劃痕為對那些將大部分生命投資在教會的人(好像她那樣的人)的不尊重。很明顯，你需要與這兩個人進行一點洽談。加爾文說我們一生中所有交往最終都是與上帝的交往，如果他的話是對的，那麼每當你應付上帝的受造物(包括上帝那些脾氣比較壞的孩子時)，你也是與上帝洽談。

我將多馬·肯培斯(Thomas à Kempis)的《效法基督》(*Imitation of Christ*)放在書桌上，在擔任牧師的三十多年間重讀了無數次。他說上帝想我們從我們經歷的所有困難得到培育。多馬·肯培斯寫道：「有時我們遭到反對，人們覺得我們不好，錯誤判斷我們，甚至在我們做好事、懷著好意的時候，這都是好的。這些事情幫助我們謙卑，令我們不致驕傲和自負。」[8]多馬·肯培斯認為，由於沒有人「可以活在公眾的眼光中而不令自己的靈魂冒險」，將上帝拯救我們的方法放在面前，總是明智的做法。我們相信，上帝透過在耶穌基督裏呼召我們而拯救我們。但正如一位老朋友曾經告訴我，我們中間有些人，上帝只能夠藉著使我們成為牧者去拯救我們。我想，馬爾科姆，你會不會是其中一個？

2

不同的立場

一個羣體的聖徒可能是另一個羣體的瘋子

親愛的蘇珊：

請不要誤解我。上星期我在電話說我是無可救藥的更正教徒時，我不是在「吹噓」（我想你會這樣形容），而只是肯定或承認一個事實。事實上，有時我說同樣的話是作為哀歎多於一切。

我當然不是鼓吹我們不斷反對我們羅馬天主教的兄弟姊妹，做與他們相反的事情，以致人們不會誤會我們是同一個家庭的成員——正如我們實在是那樣（也就是說，是同一個家庭的成員）。將自己與更大的教會割離，或者總是反對其他基督徒，彷彿只有我們這小羣基督徒才是對的，這並不會給我們帶來任何好處。

麥克勞德（George MacLeod）曾經講過一個水手的故事，他是魯賓遜（Robinson Crusoe）式人物，他的船在一個熱帶孤島上沉沒了。多年以後他獲救時，他帶拯救者參觀他島上的家。他帶他們看他的營幕，他居住的茅屋，以及離他的茅屋不遠的一間小教堂，他每星期都在那裏崇拜。那天稍後，他們走到島的另一部分時，那些拯救者發現一座建築物，與在生還者的茅屋附近的教堂十分相似。他們問他：「那是甚麼？它看起來像間教堂。」

他回答說：「那**是**一間教堂。那是我不去的教堂。」[9]

我們不去的教堂很大程度上模塑我們身為基督徒的身分。我童年時最常見的應答祈禱（如果我們相信應答祈禱的話）可能是：「我們不做那種事。那是天主教徒所做的事。」對某些人來說，那是：「我們不做那種事。那是基要主義者所做的事。」或者：「我們不做那種事。那是自由派——或福音派——或五旬宗——所做的事。」以我們不做或不相信甚麼來界定我們自己的遊戲，其可能性幾乎是無窮無盡的。

但這並非總是不好的。有時候，說我們不是甚麼，或者我們不做甚麼，或者我們不相信甚麼，可能是需要、重要和有益的。知道和澄清我們的界線，包括我們的信仰界線，本身是重要的。但我們以否定來界定自己時，也會落入真正荒謬的情況。

我神學院的一位教授講述他曾經在德薩斯州（Texas）西部一間細小的教會擔任牧師。經過多年的省吃儉用和儲蓄後，那間小教會在教會頂部興建了一個尖頂。那是金屬造的，有一個精緻又勻稱的尖端。但當牧師和執事站在停車場抬頭看他們的新尖頂時，他們開始抓頭說：「你知嗎，它看起來好像還未完成。尖頂上面需要有點東西。」

一個執事說風向儀看起來會很好。但風向儀可以很昂貴，一陣強烈的德薩斯州暴風可以將它送到俄克拉荷馬州（Oklahoma）。其中一位比較年青的執事沒有甚麼經驗，剛來到這裏不久，他提議他們在尖頂安裝一個十字架。

整羣人異口同聲地說：「不！那是天主教徒做的事！」

牧師以所羅門的智慧解決這個困難。他說：「交給我處理吧。我知道甚麼是最好的。」

第二個主日，他們到達教堂時，看見一個美麗、銀色、足球形的物體裝飾在尖頂上。

執事說：「實在完美。」

會眾都說：「阿們。」

到了今天，他們的尖頂仍頂著一個原本浮在馬桶水箱後來給塗成銀色的人工製品，默默地見證這間教會的美學和信仰——但至少他們看來不像天主教徒。

我希望我不是在做這樣的事。我肯定不想沿著那條路走。我只是嘗試肯定（不是吹噓）那些使更正教主義在廣義的基督教家庭中能資區分的特點，嘗試強調不同的基督教傳統特有的東西通常都是值得保存的，如果我們失去它們，會變得更貧乏。在這個背景下，我是無可救藥的更正教徒——某一種更正教徒。我有些同工和朋友同樣是無可救藥的羅馬天主教徒，雖然為了公平對待他們，我應該補充說他們是無可救藥的本篤會士（Benedictine）或方濟會士（Franciscan）或道明會士（Dominican）或其他。明白我的意思嗎？

我覺得你，蘇珊，是一種特定的基督徒也是重要的。

上帝以你特定的恩賜、你特定的潛質和你特定的限制，並你所有的心理包袱及你所有的屬靈先入之見來呼召你，當中包括屬於你的宗教傳統的特定和具體的先入之見。一般的基督徒或者抽象的基督徒這種東西是不存在的。基督徒總是具體的。我們是以特別的方式，可能甚至是奇特的方式，作基督徒。基督徒方式的獨特性，並不僅是在耶穌基督的福音偶然出現。我們崇拜和事奉一位道成人身的上帝，不可能以抽象的方式忠於這位道成人身的上帝。正因為這樣，聖徒與他們生活和死去的地方那麼緊密認同。

一個羣體的聖徒可能是另一個羣體的瘋子。例如：中世紀的隱修聖徒聖哥德里克（Saint Godric）在英國諾森布里亞（Northumbrian）地區十分受人敬重，他仁慈地保護患了低溫症的老鼠和兔子，令很多人相信他的聖潔。但有些地方的人則視他為古怪孤僻的人。一個聖徒因為居住在柱頂而在他那一帶得到聖潔的名聲；另一位聖徒在今天受到尊崇，很大程度上是因為他處理地產的工作。不知怎地，在上帝的奧祕中，這些地方聖徒豐富了我們的共同生命，使我們記住關於上帝給我們每個人的呼召和恩賜一些十分重要的事情。

如果我們不是具體地成為我們自己，更大的教會——基督的身體及其眾多不同的成員，橫越時間和永恆，由腳趾尖到手指尖——必定貧乏得多；雖然我們對自己要說的最重要的話，永遠都不是關於我們「宗派的獨特性」，而是關於令我們存在，呼召我們跟從耶穌基督的上帝。明白我的意思嗎？

當然，我們的社會對多元化的著迷，是有點趕時髦和純粹趕新潮。但至少對教會來說，多樣化、多元化和差異是活生生的現實，也有屬靈意義。

魯益師對任何風尚都異常敏感，他曾經指出：「需要各種各樣的東西形成世界；或者教會。這對教會來說可能更真實。如果恩典令天性完美，這恩典必須將我們所有的天性，擴展至上帝創造它們時想有的多元化的完全豐富之中，而且天堂會比地獄展示出更多的多樣化。」[10]當然，也是魯益師發明「十足的基督教」（“mere Christianity”）這個詞，藉以肯定所有基督徒都在基督裏共有的必要信仰。[11]我會提出欣賞多元化與我們在基督裏分享的信仰並沒有衝突之處。

你問我，在一個拒絕任何關於普世合一事奉（ecumenical service）的同工面前，可以怎樣為自己致力參與這種合作而辯護或證明自己有理。如果我的理解沒有錯的話，那是你在牧者聯會中辯論的要點。

我相信我們有責任參與這種事奉。事實上，我相信我們有基督徒的責任——與只是人本的責任（即身為包容、所謂開明的人）不同——尊重以不同方式崇拜的人。藉著尊重其他人，我們尊重我們主耶穌基督的上帝和父，祂以我們很可能永遠不能想像到的方式，在我們中間工作。我在這裏所關注的，不單是支持寬容（雖然不寬容幾乎總是不好的），我也關心在耶穌基督裏的信仰宣認，以及透過我們尊重別人而達成的聖靈事工。

我記得幾年前發生在我已故的朋友多倫斯教授身上的事情。他剛在北愛爾蘭的貝爾法斯特（Belfast）參加完羅馬天主教徒和更正教徒的聯合崇拜聚會，正在從人羣中走出教堂。

一個憤怒的更正教徒走到他面前問他：「你身為蘇格蘭長老會的牧師，又是改革宗的神學家，怎能夠與羅馬天主教徒一起崇拜？」

多倫斯回答說：「上帝接納我們，不是因為我們獻上更正教的崇拜，羅馬天主教的崇拜，或美麗的聖公會禮儀，或『隨心禱告』！上帝單以恩典接納我們，不是因為我們身為罪人能夠獻上甚麼，只是因為我們在基督裏⋯⋯因為我們在那為我們代求的一位的位格裏面。」[12]

你提到你在牧者聯會的那一位牧師（是埃內斯特〔Ernest〕嗎？），他不願意參與羣體崇拜，他的態度是一個問題。至少從我的觀點來看是如此。他是他教會的牧師，而他感到他們不能參與。好吧。我尊重他的不參與。雖然我不同意他的理據，但我尊重他的決定。但雖然我尊重他對基督徒崇拜的完整的關注，我會提出，是基督保證基督徒崇拜的完整，而不是我們。

我們貧乏、跌跌撞撞、結結巴巴地嘗試禱告、讚美和稱頌上帝，這包含了我們自己有罪的偏見和先入之見，我們的不全面理解和誤解，我們的分心和不忠心。只因為上帝的靈招聚我們蹣跚和不足地崇拜，進入耶穌基督代表我們所獻給上帝的完滿和完美的崇拜，我們才能夠說我們崇拜上帝。我的信心不是**我的**信心，而是對**基督對我的信心**的信心。

如果你在牧者聯會的會議中引述我這段關於基督大祭司身分的話，我不肯定會不會有幫助。我想可以預計的是，埃內斯特會認為我只是「在需要更實際的行動時說抽象的話」。但同樣可以預計的是，我不能更不同意他的話。耶穌基督的信心不單是抽象的。基督是代表我們的大祭司，祂的代求是世界上最實際的事情。它釋放我這個人和牧師，讓我安息在上帝已經做了、以及正在做的事中，而不是專注於我做甚麼。我可能有點誇誇其談，但我是以神學上合適的方法誇誇其談，不是嗎？

3
順從己意的講道

每次我走到講壇講道時，
我都幾乎可以看到我雙手被上帝的道綁著

親愛的保羅：

我覺得你說的話很好。正如你提議，我們會集中在一個題目上。今天我們會思想講道，至少為時一段時間，看我們會得到甚麼。

幾年前，一位現已退休的牧師用這個進路來教導我。我們每個月一起吃一次午飯，討論他所說的特定牧養「主題」。事實上，除非我們預先定妥我們談話的主題，否則他不會和我去吃午飯。我寧願不那麼死板，但我認為有焦點對我們還是好的。

你說你想先處理的問題是：講員應該閱讀甚麼？

我希望我的答案不會顯得膚淺，但明顯不過的是，講員應該閱讀聖經。你記得你到了你的教會不久，我去探你那天嗎？我問你在做甚麼，你說：「我嘗試從頭腦中拉出一篇講章來。」記得我說甚麼嗎？「嘗試從文本中找出講章吧！」

我並非只是想顯得有趣。我也不是要顯得無禮。我是完全認真的。

講章應該在聖經的文本中，而不是在你的頭腦中。但我們這些講員需要有相當勇氣，才能夠將自己和講道降服在聖經面前，確信藉著上帝的靈的能力，上帝的道會透過那些文字說話。

希伯來書的作者告訴我們：「落在永生上帝手中是可怕的事情。」（對講員特別是這樣！）

我會告訴你一些事情，如果你同意保守祕密。復活的基督重複問彼得：「你愛我嗎？」然後委派彼得餵養祂的羊，你曉得約翰福音那段經文（二十一 17～18）嗎？在經文中祂接著向彼得說：「我實實在在地告訴你，你年少的時候，自己束上帶子，隨意往來；但年老的時候，你要伸出手來，別人要把你束上，帶你到不願意去的地方。」然後福音書的編輯註釋指出：耶穌「說這話是指著彼得要怎樣死，榮耀上帝」（19 節）。你知道這段經文嗎？唔，我相信這段經文不單指彼得在羅馬人手下被捕和殉道，也指彼得身體和靈魂都連結到耶穌基督。我認為因這緣故經文以耶穌對彼得說：「你跟從我吧！」結束。你明白我的意思嗎？還是我將經文寓意化？

耶穌告訴彼得：「你餵養我的羊。」

以甚麼餵養他們？

耶穌回答說：「我會向你顯示以甚麼餵養他們。在他們需要時，我會將他們需要的食物給你。」

這與很多人所以為的講道顯得格格不入，對嗎？

幾年前，一位在神學院教舊約的朋友邀請我，以客席身分向他的學生教授以西結書。他想我向他的學生講述以西結先知對講道有甚麼話說。我承認雖然我每年靈修都讀一次聖經，但沒有花很多有質素的時間在以西結書上。(保羅，我剛巧在用那些定好每天讀一段經文，在一年內讀完整本聖經的計劃。你試過嗎？我特別享受使用不同的聖經譯本：《新國際譯本》、《新美國標準聖經》、《英王詹姆斯譯本》、《新修訂標準譯本》。) 無論怎樣，我擔心我不會有很多關於以西結書的話可向學生說，但當我讀到十三章時，我看到一些以前從沒有留意的東西。(那不是很不可思議嗎？**甚至是我們十分熟悉的經文！**) 以西結 (關於這事，耶利米也是這樣) 譴責假先知的其中一件事是**他們隨從自己的心講道**。**從你自己的心**講道是使假先知虛假的其中一件事情。

那好像晴天霹靂。突然間，我記得每當在主日早上，有人來到教堂門口「稱讚」我的講道說：「牧師，那講道直接來自你的內心」時，我感到多麼高興。根據以西結所言，先知的信息只能夠來自上帝的道。如果講道的來源是你的心，它便是來自錯誤的地方。「耶和華的道」來到我們這裏，從我們外面而來，從上帝那裏而來。上帝的道介入講員。還有，耶利米「沒有質疑所謂假先知的真誠」。[13] 他們可能是真誠的，但這與相關的神學問題的討論毫不相干。他們沒有傳講上帝的道。當然，這是合理的，你當試想上帝對先知和使徒所發的呼召。

以賽亞在聖殿回應上帝的呼召時，門檻的根基震動，撒拉弗侍立，他回應上帝說：「我在這裏，請差遣我。」當他聽到耶和華想他傳講甚麼時，他問：「我的道要有多長？」上帝的道不是以賽亞想傳講的道。

法利賽人掃羅不是羞怯的人。他對上帝的律法滿腔熱誠。但他肯定不能預見——自己也不會選擇——在往大馬士革的路上遇見上帝。

耶穌對彼得的話似乎表示，即使是在最好之時，由彼得的心啟發他說出來的話，永遠也只是流沙。教會需要更堅固的東西、更牢靠的東西來作為根基。或者，再次完全將比喻混合，相較於彼得自己可以找到的，羊所需要的，是更有營養的東西。

每次我坐下寫講章，每次我走到講壇講道時，我都幾乎可以看到我雙手被上帝的道綁著。我幾乎可以感到我的道被帶到我自己不會帶它去的地方。

過去多年以來，我不單重視閱讀好的講章，也閱讀好的講員關於講道所說的話。他們一再回到這同一個主題。

謝勒（Paul Sherer）曾經指出：「上帝的道抓著人類存在的東西，將它重塑。」[14] 我們說，身為講員，我們閱讀聖經，透過聖經的書頁聆聽上帝在我們生命中的宣稱，就是這個意思。正如泰勒（Barbara Brown Taylor）說，聖經詮釋我們，比我們詮釋它來得更快。[15] 我覺得聖經的經文，比任何一切更能夠拯救講員脫離布魯克斯所指出的傾向：「傳講關於基督教的事」，而不是「傳講基督」。[16] 每個講員蒙召的挑戰，是不要阻礙上帝想他們傳講的道。

這也表示在講道中避免任何阻礙人們聆聽上帝的道的東西。

任何這樣的東西！

我持守的其中一個操練，是在講道前找人閱讀我的講章。我並非總是請同一個人閱讀我的講章，但我總是找同一**種**人來閱讀——他們就是那些關心上帝的道得到傳講多於擔心傷害我感受的人。不久以前，我預備了一篇令我特別感到自豪的講章——順帶一提，這種感覺是相當好的警號——我請我的朋友史葛（Scott）閱讀那篇講章。你認識史葛，對嗎？他讀了講章，説出我害怕聽到的話：「開始的故事很吸引，我讀到那個故事時在笑，但我認為它主要用來貶低你事奉裏的一些同工，最終使我們從福音那裏分心。」當然，我刪除了那個故事，找另一個方法開始那篇講章。

任何阻礙上帝的道，使之不能被人聽到的東西，在講道中都沒有地位。

我們閱讀聖經時，是聆聽上帝的道的宣稱。當然，這表示講道真的只是非常公開的聆聽聖經的途徑，講員只是會眾（眾多聆聽聖經的人）的其中一個。講員甚至不是最好的聆聽者，正因為這樣，講員需要聆聽那些聆聽他們講道的人，才能夠明白自己傳講甚麼。事實上，我認為有些講員在傳講他們可能稱之為「先知式」的道時，也就是關於道德或倫理的道時，之所以出現問題，是因為他們忘記了他們也是上帝的道的聆聽者，他們也站在上帝的審判和恩典之下。有些評論者促請講員永遠不要說「你們」，而總是要說「我們」，藉以克服這根本上的神學動態問題。這是好建議。但很多講員口中說著同情的「我們」，心裏卻仍然用指控的「你們」。明白我的意思嗎？我講登山寶訓時，不能逃避一個事實：我是其中一個聽眾，耶穌基督是講員。

當然，我們大概都見過相反的傾向。幾年前我參加一個會議。講員帶領我們研讀撮自馬可福音的經文彙編。每次他站起來講道時，他都閱讀馬可福音，然後嘗試說服我們，耶穌的意思實際上不是那樣。

有些講員感到十分需要從耶穌那裏將教會拯救出來。這究竟是因為渴望討人喜歡，還是只是膽怯，我不知道。但無論怎樣，它對講道都是致命的。

要信任聖經的經文。讓自己和教會忠心地聆聽。當然，我們必須與聖經搏鬥。有時甚至需要與它爭辯。有些聖經經文令我想到便發抖，我即使在睡房中，也不大願意用詩篇來禱告，更不要說在公開講道中使用它了。但我想按它們的本相聆聽它們，並透過它們聆聽那向我們說話的上帝的道。

如果我們忠於聖經的經文，我們在教會中有時可能感到呼吸困難，因為上帝對我們的渴望令我們驚訝。蒂拉德（Annie Dillard）怎樣形容崇拜的危險性？戴草帽到教會是瘋狂的；「我們都應該戴頭盔。招待應該派發救生用具和信號燈；他們應該將我們綁在座位上。」[17]

我們講員應該閱讀甚麼？讓我們從這裏開始。讓我們閱讀聖經，看那會帶我們去到哪裏。

4

有別於工作和財產

牧養職事的神學基礎

親愛的吉姆：

多謝你最近寄來的信。你神學院的系主任麥克布賴德（Mac MacBride）是我的好朋友，也是我的老朋友。我們在大學時已經認識。他幾天前打電話給我，説你會和我聯絡。他似乎覺得，在你開始現時稱之為「蒙召過程」的時期間，我可以給你一點幫助。這種説法有點奇怪，但我很樂意提供我能夠給予的任何幫助。

我們不認識對方，所以我不大肯定你會否接受我的想法。我將會説的一些話可能顯得很富批判性，不過我可以向你保證，我希望這些話是有建設性的。我傾向按我的意思説話，所以如果你不想聽我的觀點，現在就停止閱讀吧。

這樣公平嗎？那麼好吧。

牧養召命的核心是教導事工。我喜歡想到，我教會幾乎每一個人都可以來到我面前問：「為甚麼你那樣做？」而我可以說:「我那樣做,因為……」有點像申命記六章,那裏告訴我們,我們的孩子來問我們:「耶和華我們上帝吩咐你們的這些法度、律例、典章是甚麼意思呢?」時,我們應該回答:「我們在埃及作過法老的奴僕,耶和華用大能的手將我們從埃及領出來」(20～21節)。我喜歡想到我教會的一個會友來對我說:「你這樣做,或你那樣說時,是甚麼意思?」我可以利用那一刻來教導,為我的話和行動提供有神學根據的理由。

我說這一切,是因為我想稍為建構我的回應。你在給我的信中提出好些真正重要和有價值的問題,但你提出的方式,限制了(甚至削弱了)你神學地向會眾說話的嘗試。你設想牧養召命的方式與專業和商業世界完全一致,但卻缺乏實行你身為牧者的教導職事的神學基礎。

事實上,你在信中使用的一些詞語令我意想不到。你說你想確保「與教會達成一個合理的優厚受僱條件組合」,以及好好地「推銷」自己,諸如此類。我知道這種話在商業世界十分常見,但我覺得它們使人混亂和有點令人反感。坦白說,它們不單有點令人反感。在談論牧養職事的呼召時,它們是不恰當的。

麥克布賴德告訴我,你到神學院受訓前,在商業世界工作了超過十年。我確信人生經驗和專業的商業經驗確實可以給事奉的人很大幫助,我希望我更多同工在進入事奉時明白怎樣應付預算和人事,更不要提組織的領導了。但個人在生命或商業中學到的東西,並非全都可以天衣無縫地運用到牧養召命上去的。

還有，我在你的信中，完全找不到你用「呼召」這個詞來描述你所說的「新工作」。我知道這不一定表示任何不好的事情，也不表示你不認為職事是召命或呼召，但加上你的其他說話，這事給我一個危險警號。

我認為基督徒牧者的主要工作是將生命，整個生命，帶入神學視角。那是幫助人們根據「上帝是誰」和「上帝想我們怎樣」來理解自己的生命。這表示我們有責任對事物運用正確的詞語，至少有部分責任要如此行。例如：你在信中問，你應該怎樣就你的「休假」洽談，正如你所說，「專業人士必須照顧自己，如果他們想保持敏銳」。

你可能是對的，但我不會這樣表達。你怎樣表達是重要的。當我想到召命時，上帝在休息、玩耍和工作裏給我們呼召，我這想法主要以神學用語來出發。例如：如果牧者要求「休假」，我不認為他們是有根據的。聖經和教會的歷史教導都沒有支持牧者要求休假，或甚至休息一天。至少不是用這種語言表達。

但安息日就不同了！噢。那是完全不同的事情。牧者不單可以，更有神聖的責任，在上帝的百姓中持守和教導安息日。

從第一次談到它，「上帝賜福給第七日，定為聖日，因為在這日上帝歇了他一切創造的工，就安息了」（創二3），到耶穌在猶太傳統中全新地將安息日定為聖日，「安息日是為人設立的，人不是為安息日設立的。所以，人子也是安息日的主」(可二 27～28),在根據上帝是誰來考慮身為人類生活是甚麼意思時,聖經給我們提供的神學反省皆是視我們與世界為一個整體的。

赫舍爾(Abraham Heschel)關於安息日的書,是我讀過的其中一本最有力、最美麗和最感人的神學反省,他描述安息日是「時間中的王宮,有給所有人的王國。它不是一個日期,而是一種氣氛。不是一種不同的意識狀態,而是不同的氣候⋯⋯它是使靈魂尊貴,使身體聰明的一天⋯⋯安息日是甚麼?」他寫道:「是取了時間樣式的聖靈。」[18]

堅持得到自己合約上的「休假」的牧者,只是定下專業界限。在某些層面想到專業界限,雖然可能是重要的,但這樣說話可能浪費了重要的牧養和教導機會。對比起來,牧者以榜樣提醒我們,我們需要安息日的休息,卻邀請我們深入上帝與所有創造的生命之約。

你明白我在說甚麼嗎?以神學方式談及人完全倚靠上帝;我們尊重我們身為受造物的限制,「微塵一般脆弱的受造物,好像燈芯草簍一般脆弱」;我們也敬畏上帝的創造——這就是安息日的語言。這是明確的**神學語言**,因為它運用深刻的**神學實在**。

我知道我們都不想再次捲入安息日主義。絕對不。這古老的東西,其自義的核心已經腐爛。我不是提出回到教條主義。我成長的世界不容許我們在「安息日」看電影或玩撲克牌,在那天甚至不能收聽被視為「世俗」的音樂——那當然是任何我們想聽的音樂。在我家裏,星期一聽葛拉斯彼(Dizzy

Gillespie）是沒有問題的，但星期日卻不能。

我記得我小時候教會有一個牧師，他因為我兩個朋友在星期日打網球而責罰他們。他們告訴他，他們留意到他在星期日在花園挖地時，他立即為自己辯護。「在花園挖地是沒有問題的，因為你這樣做時可以穿襯衫和結領帶。在安息日做任何可以穿襯衫和結領帶做的事情都是可以的。」

不，我不是主張回到這種態度。但當我們放棄安息日的特定神學語言時，便是將神聖的休息和給靈魂娛樂的觀念從上帝的創造目的中割斷。

你明白我在說甚麼嗎？

關於你「我想確保自己好好地推銷自己，戴上最好的容貌，在到教會面試時盡可能讓自己有好表現」這句話也可以說是類似的話。

有些教會尋找新牧者的方式，確實好像選美會。我同意這點。我幾乎可以看見參賽者穿著泳裝（當然是適合神職人員的泳裝）在行天橋，講述如果他們獲選，打算怎樣尋求世界和平及教會增長。

你當然不是第一個在談及呼召時使用推銷語言的神學院學生（就此而論，或者牧師！）。但我不認為這對你或教會有好處。到教會面試時，牧者尋求明白上帝是否呼召他們聯合。當中涉及的事情有點像求婚，要求我們的外表和行為都是最好的。但如果牧者和教會在過程中並不真正認識對方，那過程便遭到破壞，潛在的聯合也註定將要失敗收場。互相觀察和談話的整個過程，讓潛在的牧者和教會進行屬靈的分辨。面試實際上是一個機會，讓雙方聆聽對方以外的另一位，在關於盼望和恐懼、興奮和遺憾的不同表達之下，聆聽上帝的聲音；而如果牧者和眾人真的蒙召一起生活，必須有這把聲音存在。

我談及牧養職事時，一再運用結婚的比喻。我認為它們特別相合。在婚姻中沒有兩個人是完全情投意合的。我們的情投意合有實際的限制，我們必須努力克服這些限制。在任何一段婚姻開始時想到：「我愛你。我們一結婚，我便會改變你」也是不好的念頭。這令我想起百老匯（Broadway）的戲劇《我愛你，你是完美的，現在改變吧》（*I Love You, You're Perfect, Now Change*）。不，透過互相信任和誠實發展關係更好得多。

與教會的關係也是一樣。你與聘牧委員會會面時，你和他們最好盡可能帶著禱告，誠實地嘗試認識對方。對身為基督徒是甚麼意思，你和教會有沒有共同的看法？你們是否尊重對方的信仰和生命是真實的，也真實地忠誠的？這關係有沒有發展持久信任的潛力？這些是最重要的問題，也是重要的神學問題。

大部分時間，如果牧者「推銷」自己，教會結果會有購物者的後悔。不要推銷自己。要活出真我。

我不知道應該怎樣說，所以我會跟從我的直覺，直截了當地說。你似乎毫不批判地頌揚我們文化對金錢的敬畏，令我很驚訝。我知道我進入了危險的境地，因為在當代文化，金錢似乎是惟一真正神聖的東西，而好像所有神聖事物一樣，它都由沉默的禁忌守護著。多年前一位牧師告訴我關於他和一對夫婦進行婚姻輔導的事。他帶領他們細心檢視他們生命的每一方面，由談及他們的童年到他們的孩子到他們性生活最親密的細節。有一個星期，他要求他們談論他們怎樣運用金錢。他們立刻反對說：「如果你堅持談論關於我們怎樣處理金錢，我們會停止接受輔導。那是私事！」

提出這個課題可能是危險的，特別是與我不熟悉的人，但我感到我需要這樣做。同樣，這是神學問題。耶穌對這個問題有很多話說。

我最近閱讀屈梭多模論耶穌那個「富有的人和拉撒路的比喻」(路十六章)的講章。屈梭多模(我相信你在神學院讀過他的著作)就財富和貧窮講了七堂道。我不肯定我有讀過任何東西是比它更徹底地質疑我們社會對金錢、財富和財產的假設。與屈梭多模相比，馬克思(Karl Marx)只是小兒科。

屈梭多模視我們尋求的很多東西——身體的舒適和財政上的保障，奢侈和甚至是簡單的快樂——都對我們的屬靈健康有潛在危險。為甚麼？他說它們模糊了對上帝和上帝的創造之間的關係的一種恰當理解。他認為，我們的一切財物都不是我們自己的；它們屬於上帝。而由於它們屬於上帝，它們也屬於別人。我們怎樣處置上帝的財產有其永恆的後果。[19]

你在信中提到尊重「你的」時間、「你的」財產和「你的」恩賜，我比較肯定我們的社會會認為這是健康和正面的，但我不相信從基督徒的角度看這也是健康的。你可能抱怨我將太多意思讀進你表達事情的方式。你可能是對的。我可能過度詮釋你所說的話。但我想認真對待你說的話。那至少是「尊重別人」的某部分意思：認真看待他們所說的話。而如果我認真看待你說的話，我會提出警告說，你擁有的沒有一樣是屬於你的。

這對我來說顯得有點太喜歡說教，因此讓我轉用第一人稱來談論吧。我不與別人分享我的時間。我們一起分享上帝的時間。我不與別人分享我的資源。我銀行戶口中的資源是上帝的，別人也有權運用。上帝給我的恩賜不是我有權擁有的。那只是交託我保管，我只能夠藉著與別人分享保有它們。

在古典的基督教思想中，我們在管家身分的範疇來思想這些事情。創造主上帝將世界和它的豐富交託我們保管。我們自己的基督徒屬靈健康情況，與我們身為看管人怎樣運用屬於上帝的東西，兩者有著直接的關係。

你即將與聘牧委員會進行面試（很明顯你會見幾間教會），我只會提醒你，想想那個呼召你的呼召，並鼓勵你不要視這些面試為試鏡，而是視它們為見證上帝的豐富的機會。太多時候，我們牧者就薪金討價還價時，錯失了提醒會眾以管家身分而活是甚麼意思的機會。我們的行為反倒顯示我們只是在就一份合約討價還價。

當然，挽救受按立的職事，脱離主宰運動和娛樂事業的專業經理人的腐敗，其中一大元素，是公眾不像重視四分衞和電影明星那樣重視我們所做的事。

我想應該為了小小的好處而感謝上帝。

這是否表示你沒有責任就那份好好照顧你家庭的薪金而討價還價？當然不是！你有這個責任。但我們召命的神學面向的代價將會提高。我們不單就薪酬討價還價，我們也在從事教導的牧養職事。我們用自己的生命作為榜樣，教導會眾怎樣作管家，無論是好是壞。問題是，我們教導**甚麼**？

再一次，你的問題是重要的，也是好問題，我希望每個進入事奉的人都會提出這些問題。如果我過分坦率，請原諒我。下次見到麥克布賴德時，請替我問候他。

5

時間管理

向我們的時間和精力所提出的每一個要求，並非總應該給予同樣的比重

親愛的多蘿西：

謝謝你的來信。實際上，我記得在去年春天向神學院的學生演講時見過你，雖然可幸我不大記得自己那天說過甚麼。我記得你在課後走到我面前，說如果你蒙召到教會事奉，你想與我保持聯絡——你顯然已經蒙召。

恭喜你！

你告訴我的故事頗為嚇人。作為對你問題的回答：是的，我聽過這樣的事情發生。但要小心。不，我不認為你反應過敏，至少從你告訴我的情況來看是這樣。對於好像你收到的那種暴力威脅，你**應該**認真看待。那婦人的丈夫似乎將他太太要求獨立的事怪罪於你，因為你輔導她。無論他會否將他的威脅付諸行動，我認為你向有關當局報告是對的，特別是因為他在電話告訴你，他正在到教會途中，「現在就要因你破壞他的家庭而修理你」。

這件事情令你產生疑問，除了理論，牧者應該提供多少輔導和甚麼類型的輔導？但要回答這個問題，我需要稍為退後一點。我懷疑你會得到很多不同的答案，視乎你問甚麼人。我能夠做的只是向你提供我的看法。

我認為牧者應該接受大量心理學和牧養輔導的訓練，但我不認為牧者應該從事很多實際的輔導工作，至少不是心理學家和全職治療師主要從事的那種長期治療輔導。當然，在哀傷和危機輔導方面，你是教會會眾的主要資源，正如你是你教會的主要衝突調解員一樣。但長期的婚姻和家庭輔導，以及人們為了個人成長和豐盛生命而接受的那種治療，又怎樣呢？將這些留給全職輔導員吧。我建議你製訂一份提供這種輔導的輔導員的名單，可以將會友轉介給他們。這正是接受良好的心理學訓練是如此重要的原因。除了讓你對我們的人性有更深的普遍認識外（那本身是重要的），心理學訓練也令你可以找出你教會不同會友的特定問題，知道他們找你幫助時，甚麼輔導員最能夠幫助他們。知道怎樣和甚麼時候將會友轉介給心理學家和其他治療師，是很龐大的治療服務。我進行的牧養輔導不多，不是因為我認為它不重要。剛好相反。我認為牧養輔導是那麼重要，以致我想限制自己在其中的參與，我想負責任地實行我在這方面的牧養角色。

很明顯，我們也需要考慮地理因素。米德爾斯伯勒（Middlesborough）不屬任何大城區。我查過地圖了！你距離最近的輔導中心二百里遠。因此，你教會的人需要輔導時，你很可能是第一條防線。甚至也可能是第二、第三和第四條防線！這表示了，相較於我來說，牧養輔導可能需要佔據你的職事中更重的比例——因為我居住在城市。但即使在米德爾斯伯勒，我也會慎於提供輔導的節數和類型。原因有兩個，兩者都和你身為牧者的召命有關。

首先，輔導需要很多時間和精力，而時間和精力對牧者來說是有限的資源。除非人們真的成為牧者，否則他們不能想像牧者可以多麼忙碌。有人說身為牧者就好像由吹哨子的人召集的狗隻一樣。責任幾乎在每一個角落試著努力向你招手，彷彿你是在繁忙時間駛過的計程車。有些責任比較接近牧養職事的核心。講道、教導和領導教會，以神學的忠誠、視野和使命感與周圍的文化交往——這些都是教會牧者的召命的核心。提供牧養**意見**也十分重要，但它與提供牧養**輔導**十分不同。

好的牧者準備與教會的會眾和別人進入各種(關於靈性、情感和身體)具醫治作用的談話。這些談話中，一些最重要的交談在最不可能的地方、最不恰當的時間展開。牧養談話**可以**在任何地方、任何時間發生，也確實**會**在任何地方、任何時間發生。有人在超級市場的貨架前將我拉到一旁，告訴我一些會令捲心菜面紅的事情，在蘿蔔看著時，期望我從牧養角度回應。但這些談話——它們是真正的牧養談話，要求深思的牧養意見——和正式的治療輔導時段不同。

我決定進行牧養輔導時，無論對象是教會會友或其他人，我通常都將輔導限於三四節內。如果需要更多時間，我會將他們轉介給可以進行長期輔導的治療師。牧者將大部分時間和精力花在一小羣「客戶」身上，對廣大的會眾並不公平。

第二，輔導和牧養領導都要求角色清楚，而如果你嘗試同時作輔導員和領袖，便會有混亂和混淆，有些可能是潛在的悲劇。我千辛萬苦才學懂這點，而且不是很快就學會。我相信領導會眾是最常規的基本牧養角色。我對整間教會都有責任，不應該因我的角色混淆而有負於這責任。

這在輔導來説尤其難以應付，因為治療涉及某種人際間的動力，例如移情和反移情，可以對牧養領導帶來破壞。而在講道時很容易很容易出賣別人的信任，或者似乎是出賣了別人的信任。而即使是看來是這樣的表現，也可以破壞關係，削弱你在教會的領導。我知道有些情況，牧者在治療時表現十分出色，但在輔導過程結束時（那是婚姻輔導），那對夫婦離開教會，因為他們想與一個對他們沒有那麼熟悉的牧者重新開始。

輔導有各種誘惑和陷阱。我記得一對找我做婚姻輔導的夫婦。我在進行轉介前，先探訪他們兩次。在他們與牧養輔導員接觸了三星期後，那位太太來我的書房，要求我再與他們傾談。我懷疑他們在治療中感受到一些富創意的張力，因此我拒絕與他們談論任何與他們的輔導有關的事情。他們想盡辦法，由奉承到威脅也好，要我再次成為他們的輔導員，但我拒絕。我反而鼓勵他們與他們的治療師傾談。如果我與他們傾談，我很可能只會釋放他們感受到的張力，而那張力可以推動他們令婚姻狀況變得更好。

我不認為你可以得到很多訓練，特別是在處理哀傷和危機方面，在辨別不同的人格障礙和精神疾病方面也是如此。拿先斯的貴格利描述牧養召命是「藝術中的藝術和科學中的科學」，在其中，牧者是靈魂的醫生。[20]雖然我認為牧者對教會能夠做的最具治療作用的事情是好好地講道，以及帶領上帝的百姓，但盡可能明白人類的景況也是有意思的。

還有，你提到「時間管理」的問題。根據我的經驗，大部分在「管理時間」方面有困難的牧者，對甚麼應該佔據他們身為牧者的時間，都未能建立深刻的理解。問題不是不能掌握某些跟時間有關的技巧，而是不能分辨甚麼應該引導他們的日子、決定他們的優先次序。時間管理本身只是關乎良好的行政，你可以在一個寒冬晚上坐在火爐邊，從一本好書學到大部分技巧。[21]但怎樣決定甚麼應該佔據你的時間，這個更深刻的問題則關乎召命，必須從多年經驗中找出來。這是屬靈的問題。對我們時間和精力所提出的每一個要求，並非每一個都應該給予同樣的比重。決定甚麼最重要，是關乎屬靈辨別的事。而且，是一種特別的屬靈辨別——牧者思想怎樣和何時以牧者的身分來回應。

有時，我奪門而出以回應會友的一個電話，有時，在接到他們的電話時，我不採取行動。從外面的角度看，兩個電話聽起來可能是十分相似的事情。但身為牧師，我衡量多種問題，決定我對每個人的需要的回應。我判斷打來的電話。每個牧者都必須學習怎樣這樣做，因為某個意義上，所有職事實際上都關乎辨別。辨別是恩賜，但我從不認識任何人的辨別是沒有錯的；只要你努力，幾乎每個人的辨別都可以變得更敏銳和深刻。

當然，決定怎樣投資我們的時間、投資於何處，與你提出關於輔導的問題並非沒有關連。可惜，教科書沒有最終、絕對的答案。我們有籠統的指引（在聖經以及我們按立時所起的誓言），指導我們長遠來説大致可以怎樣做。但正如在牧養職事的很多其他方面一樣，我們必須在禱告、反思和與信仰羣體（包括我們事奉裏的同工）的談話中，摸索我們的路。

6

討厭的教會政治

有甚麼是與政治無關的嗎？

親愛的馬爾：

那麼，你討厭「教會政治」！

朋友，討厭教會政治，其問題在於：沒有教會是沒有政治的。你也知道這點。你在教會長大。你父母在我教會擔任長老多年，時間長得我也不記得有多久了。

不過，我想挑戰你對教會政治的理解，因為你說這句話時，我在你聲音中清楚聽到嘲弄的語氣。

如果教會沒有政治，它便不會是一羣嘗試找出怎樣一起生活的人。由於那就是政治：人們找出他們的共同生命，人們商討他們的價值觀、信念和期望，**以及**促進他們認為寶貴的價值觀和信念，並他們認為值得努力的期望，以及當中必須有的不同程度的影響。我承認，教會不單是一羣嘗試找出怎樣一起生活的人；**但它肯定至少是這樣**。

皮奇格羅夫社區教會的衝突剛巧達到高潮。我的同工昨天辭職。我在上一封信告訴你關於他的事——他一到那裏便開始大幅改變那裏的崇拜。他星期五下午來到我家裏告訴我，他打算在主日向教會申請辭職。那真是十分可惜的事情。當他談及他進入這呼召時所懷的盼望，我好像在聽一個人哀歎婚姻失敗。那麼多盼望就此消失。沒有贏家。

他坐在我書房的一張椅子上，眼中含著淚水。他說：「如果我在神學院時知道我現在知道的事情，我永遠不會進入事奉。」

我問他：「你現在知道甚麼是你那時不知道的？」

他說：「那是那麼政治性。我以為我會是一個基督徒羣體的屬靈導師，他們會尊重我的話，我會有點權威。但惟一重要的事情是我怎樣與權力集團和有錢人相處。」

正如在戰爭中，教會爭鬥中第一個受傷害的往往是真理，我恐怕我同工的痛苦和焦慮令他說謊。這句話可能是老生常談，但卻是事實：**人們不在乎你知道甚麼，除非他們知道你在乎**。他教會的爭鬥不單是關乎控制和權力；那是對尊重的不同見解。教會從不相信他們的牧師尊重他們。而我需要承認，我也不認為他尊重他們。

整個衝突不單可以避免，直到最後也是可以修補的。真的是一團糟！

你就教會政治的邪惡所說的輕視的話（我不反對有些教會政治確實是邪惡的），以及我同工經歷的麻煩，令我想起你在神學院時寫過的一篇論文。你寄了一個副本給我。我從檔案中找出那篇論文。那是有收藏癖的人的其中一個好處。

這不是你在教會領導課程中寫的一篇論文嗎？論文沒有這樣表明，但我想是這樣吧。

你寫道：「政治是人類社會行為，在道德上是中性的。好像權力一樣，它可以用來做壞事或好事，但它本身不一定是邪惡的。」（順帶一提，我希望你講道不會好像你寫論文那樣；這是頗為枯燥的東西！）你說「政治」（“politics”）這個詞來自希臘文 *polis*（城邦），而根據希臘人，「政治關乎城邦、城市、羣體的內在關係」。如果這是真的話，那麼政治便不是教會必不可少的邪惡，它只是教會的自然狀態。

我同意你的論據，但真正的問題是：**你**同意嗎？

我不會說我們應該投入教會政治實踐最糟的那些方面——迎合最低的公分母以贏得歡迎，促進令會眾分裂相爭的黨派行為，安撫那些恃勢凌人的人，製造宣傳（我猜他們現在稱為「修編」〔spinning〕）、諂媚、勒索等等。但我卻認為有一種政治是適合教會生命的。

與別人合作，包括有影響力的人，創造更適宜生活的羣體，這不是政治嗎？尋求現在能夠實現的目標，而又不忘記我們想在長遠實現的目標，這不是政治嗎？對必要的事情可能有一致意見，但對某些其他事情卻永遠不能有一致意見，在這些人之間嘗試建立橋梁，這不是政治嗎？圓滑地用詞，以致在憤怒時人們仍然願意聽我們說話，這不是政治嗎？留意教會的利益和視角，即使那些利益與我們個人無關，我們也不享有他們的每一個視角，這不是政治嗎？

我想我是有點在回應那些以為自己可以比上帝更屬靈的

牧者，他們好像西特勒（Joseph Sittler）曾經描述的「敬虔人」一樣，昂然走遍世界，「彷彿上帝的創造有點臭味，我們不應該太接近它們」。[22]

當然有上帝的政治這回事。還有哪裏比教會更適合實行這種政治？上帝在特定的教會特定的人的生命中，並透過那些生命說出上帝永恆的邏各斯（logos），創造上帝自己的團契（*koinonia*）。我是在以自己的話表達你意譯亞里士多德的話。

這不是該撒利亞的巴西流這位教父在關於聖靈的著作結尾時，就當時教會對教義和實踐的衝突所說的話的意思（至少部分意思如此）嗎？[23] 明谷的伯爾納（Bernard of Clairvaux）、馬丁．路德（Martin Luther）、加爾文、潘霍華、尼布爾、多蘿西．戴（Dorothy Day）、馬丁．路德．金（Martin Luther King, Jr.）——他們都似乎明白，有賜生命的政治，也有令靈魂窒息的政治。

馬爾，如果你涉及後者，我會十分傷心；但我擔心你會抗拒前者。當然，完全拒絕政治，好比嘗試走鋼索，認真看待會眾那些來自不同角度、互相衝突的需要、利益、關注和價值觀，會容易得多。要平衡政治的救贖潛力和它的潛在濫用，既忠於上帝、又深深參與人類社會，是十分艱難的。但除此以外，我們還可以怎樣忠於成人身的上帝？

沃利斯（Jim Wallis）最近哀歎「政治被化約為互相競爭的利益，以及團體自私地爭奪權力，而不是尋求共同好處的過程。」他說：「**我們只有藉著走向更高的地方才能夠找到共**

同的基礎。」[24]我希望你願意盡你所能救贖我們這個時代的教會政治，因為如果政治只留給那些沒有甚麼顧忌的人，當它變得肆無忌憚時，我們也不會感到驚奇了。

啊，對了，如果我正如古老的約克郡農夫所說那樣，變得過度**充氣**，請你原諒我，我只是因為失去一位同工而感到哀傷。

我今早走進我的辦公室時，教會的祕書鬧哄哄地談著皮奇格羅夫社區教會的「大新聞」。她已經聽到我的同工辭職的事。我只是歎息、搖頭，然後走進我書房。除了哭泣外，我甚麼也不能做。

牧師和教會的關係破裂時，很多人受到傷害。我只想獨處幾分鐘。我坐在書桌前，雙眼望向書架，看到一本自己讀了很多次，以致書頁都支離破碎的書：尼布爾的《道德的人和不道德的社會》(*Moral Man and Immoral Society*)。我取下那本書來閱讀。

容許我意譯尼布爾今天提醒我的事，當我看著我鄰居的事奉失敗時：我們共同的生命是我們尋求的完滿生命的基礎和敵人。政治是良心和控制相遇、倫理和權力碰撞的場所，我們在那裏必須找出臨時和不容易的妥協，讓我們能夠一起生活。[25]

我終於想起你在電話中問我那篇講章的題目，戈西(Arthur John Gossip)那篇講章：〈但當生命倒下時，會怎樣？〉("But When Life Tumbles In, What Then?")。讀完後告訴我你的想法。這篇講章收錄在他的講道集《你靈魂中的英雄》(*The Hero in Thy Soul*)中。我喜歡戈西為那本書選的題詞，來自卡萊爾(Thomas Carlyle)，關於喚醒在我們靈魂中沉睡的英雄。那是好東西，而且與教會政治不是毫無關連。

7

試驗諸靈

在說話的，是會眾的靈還是上帝的靈？

親愛的多蘿西：

你與愛麗絲（Alice）這位年輕女士的談話令我想起我多年前讀過的書。事實上，你的話令我再讀那本書。那是《黑馬牧人書》（*Shepherd of Hermas*），初期教會一本古老的指導書籍。我是年青牧師時閱讀這本書，作為自己神學教育後的學習策略的一部分。我從神學院畢業後不久，便決定將過去的著作當為一個大寶庫。我由閱讀使徒教父的著作開始——羅馬的革利免（Clement of Rome）、安提阿的伊格那丟（Ignatius of Antioch）、坡旅甲（Polycarp）、《十二使徒遺訓》（*Didache*）和《黑馬牧人書》。我對教會的智慧上了癮，不能停下來。

唔，無論怎樣，在閱讀《黑馬牧人書》時，怎樣辨別真假先知，以及怎樣試驗我們遇到的靈，以決定它們是否來自上帝的指導，這些內容特別吸引我。你明白我在說甚麼，對嗎？

愛麗絲（你不是說她正考慮牧養職事的呼召嗎？）告訴你，她認為聖靈等如「她聽到自己的心叫她做甚麼的微弱聲音」。你問她那個問題：「你聽到這聲音時，怎樣辨別你自己的旨意和上帝的旨意之間的分別？」坦白說，我也會問。她回答說：「如果我感到真的受到催迫去做某些事，我便知道一定是上帝在說話。」我認為你的回應既是牧養的又是敏銳的。你告訴她，根據你的經驗，你在一個處境中愈感到受催迫或驅使，你便愈懷疑是自己而不是上帝想你做那件事。

我提出《黑馬牧人書》是因為它關於試驗真假的靈所教導的兩件事——而這兩件事都是反文化的，甚至是反對你和我活在其中的教會的主流文化。

首先，並非每個靈都自動來自上帝。對很多人來說，只說某東西是「屬靈的」已經足夠！他們似乎完全沒有察覺屬靈領域正如感情的領域一樣，充塞著德行和罪行、善良和邪惡、敬虔和罪惡的選擇。而物質的領域和知識的領域也一樣。我們身為牧者，有責任試驗諸靈，決定它們是好還是壞。

第二，我們永遠都不應該將我們自己的靈與上帝的聖靈混淆。我們是受造物。只有上帝是創造主。上帝的道路比我們的道路高，好像天高於地那樣高。愛麗絲的說話，於她自己來說可能顯得敬虔，但對我來說卻顯得十分自大。因著那些信念是強烈的便表示它們來自上帝，這想法令任何人都難以質疑她的「強烈信念」。基督徒要向上帝的靈負責時，必須進行的「試驗諸靈」，她將自己隔絕於這試驗以外。（順帶一提，現在那麼多基督徒似乎將一個人是否願意通曉地談論上帝——特別是關於上帝支持和反對的一切——等同忠心，這令我感到奇怪。我倒認為沉默和敬畏是有關連的。）

愛麗絲最令我擔心的，是她用來支持自己相信上帝呼召她成為牧者的理據（因為她感到她內心的聲音催迫她這樣做），可以用來支持所有其他事情，甚至是非常非常壞的事情，如果這是她僅有的理由的話。同樣，我同意你的做法。我們往往認為上帝應配合我的強烈慾望（有時我表面上「神聖」或「公義」的強烈慾望）。事實上，我變得相信每當我有衝動穿上超人衣服，衝去拯救人時，很可能不是上帝而是我的自我在說話。我只是在情感上被迷住，我那天生的拯救者介入其中，這當然十分配合我的自負。

那麼，我們怎樣「試驗」諸靈？我們怎樣辨別甚麼來自上帝，甚麼不是來自上帝？這是混亂和複雜的事情。《黑馬牧人書》警告我們防避操控性先知，他們在虛假中混入一點真理，引領我們走入歧途。而主知道我們也可以同樣輕易領自己走入歧途。你問愛麗絲她怎樣試驗引導她的靈時，我希望她說的是：「我將這個靈告訴我的話與上帝的道作比較。」因為真正的上帝的靈從不會與上帝的道有衝突。我希望她說：「我要求信仰羣體，上帝活著的百姓，聆聽我相信是來自聖靈的見證。」因為聖靈是基督身體活著的氣息，透過教會的聲音，我們辨別在我們當中的上帝的聲音。我希望她說：「我跑向耶穌基督的福音，比較我在裏面聽到的東西，與基督自己說和做的事情。」因為真正的聖靈是基督的聖靈，真正的聖靈有分於基督的性情。正如黑馬指出的，那神性的靈產生出我們在耶穌裏找到的那種謙卑、平靜、誠實、節制、開放和敬畏；而虛假的靈則自高自大、不謙卑、放縱和欺詐。虛假的靈以它的能力自誇，但它實際上是空洞和無能的，而真正的靈（我喜歡這個比喻）好像從雷雨雲中掉下來的細小冰雹。它很有能力，因為它來自上面。

我很好奇，想知道你認為你與愛麗絲的關係會發展成怎樣。你認為她會尋求按立嗎？我想我特別好奇，是因為她來你書房時，開始與你談話時，說她受到「感動」考慮以受按立的職事作為呼召，是因為她深受你的事奉祝福，她以你為榜樣。但當你開始要她批判地反思她的呼召時（任何蒙召的人都必須做的事情！），她似乎突然攻擊你，並威脅你。她真的說如果你不支持她朝著按立的路走，她會要求她父親停止在財政上支持教會嗎？

我們會聽到上帝在我們心裏安靜、私人的呼召。我們檢視自己的恩賜，開始思想或許上帝給我們按立所需要的資質和天賦時，我們可能深深感到上帝的呼召。但還有其他事情，那就是這呼召必須得到上帝百姓的聲音確定。我們相信這三者都是必須的，因為我們發現上帝的靈不會只私下向我們說話，而最終不會透過上帝的靈在其中工作的信仰羣體確定那些話。史高治（Ebenezer Scrooge）的朋友馬利（Jacob Marley）的鬼魂問他的老朋友為甚麼懷疑他的出現時，史高治對鬼魂說甚麼？「你可能是一塊煮不熟的馬鈴薯⋯⋯你的肉汁味比墓穴味多一點！」唔，我很少站在史高治那一邊，但他試驗自己與靈界的私人接觸是對的。教會不斷認為，如果我們認為自己聽到的東西由信仰羣體的見證肯定，我們更能夠確定是上帝向我們說話。

我認為同樣重要的是，記得並非每一個呼召都是要人接受按立。你有沒有與她探討這點？我們蒙召跟隨耶穌基督。我們蒙召從事各種召命。接受按立的呼召只是多種呼召的一種，我知道有很多人假設當上帝呼召他們時，他們必須「進入事奉」。有時他們在當了牧師多年的挫敗後發覺這點，於是離開他們從沒有蒙召的職事。

在你繼續這些談話時，我的思想和禱告都與你一起。

8

牧者的閱讀與學習

我們需要閱讀的牧者，還是從經驗學習的牧者？

親愛的保羅：

我當然並非表示我們只應該閱讀聖經！

我感到驚訝，你以為我在提倡（正如你說）「從我們與所有人類共有的豐富知識和想像資源中撤退」。我當然不是這樣！赫伯特的智慧勸告是有效的。「神聖的生命**就是**鄉村牧師的圖書館。」實在是這樣！沒有書籍的生命並不值得活，至少對我來說是這樣。雖然我並非一直都這樣想。

我承認直到我成為牧師前，我都不十分喜歡看書。我讀過一些歷險故事——《金銀島》（*Treasure Island*）和《野性的呼喚》（*Call of the Wild*）。我也閱讀《赫克歷險記》（*Huckleberry Finn*）和《魯賓遜漂流記》（*Robinson Crusoe*）以及無數漫畫書，是我在漫長的夏天下午在祖母屋裏躺在牀上，應該睡午覺時讀的。

我在求學期間在需要時閱讀，特別是在中學和大學的時候。我在神學院閱讀神學和聖經研究的著作。但我沒有**為了閱讀**而愛上閱讀，直到我開始每星期講道。我十分欣賞鄰近一位牧師的講道，他很早便告訴我，我應該多閱讀小說和詩歌，於是我請他給我一些建議。一旦開始閱讀真正的好小說和詩歌，我的胃口便大增，從沒有減退。

正如你可能想像到，我原本的動機只是為講道找例子。不過，很快我便明白，閱讀偉大書籍的原因不是取得例子，而是進入人類和神學理解的深處。智慧是我們閱讀時尋找的寶藏，我們不單是找好故事說明一個講道的重點。我一本接一本地讀小說，包括奧康納、格林（Graham Greene）、珀西（Walker Percy）、福克納（William Faulkner）和海明威（Ernest Hemingway）、辛格（Isaac Bashevis Singer）、波托克（Chaim Potok）和維瑟爾（Elie Wiesel）、霍桑（Nathaniel Hawthorne）和梅爾維爾（Herman Melville）。我很快發覺，我以前沒有愛上小說的原因是我讀的小說並不吸引。事實上，那些小說大部分都很沉悶。於是我放棄低級小說而閱讀杜斯妥也夫斯基（Dostoyevsky），此後便不再感到沉悶了。

某意義上，身為牧師，我在閱讀史蒂文森（Robert Louis Stevenson）和馬克・吐溫（Mark Twain）時，重新發現我童年視為理所當然的閱讀層次。

那麼，為甚麼這層次的閱讀那麼寶貴？

我會藉著借用我最近見到的論據來告訴你。《華盛頓郵報書籍世界》（*Washington Post Book World*）的編輯迪爾道（Michael Dirda）說：「真正的文學作品能夠令我們以新的方式看世界或我們自己……正因為這樣，文學被界定為需要（至少）閱讀兩次的作品。偉大的書籍傾向令人感到古怪。它們使我們不安。它們令我們不安。我們感到震驚和困擾。」[26] 為免你抗議說這與牧養或神學或信仰的事情無關，容我以概括的言詞來模仿那特定的道、上帝的道、本身是上帝的道。因此，小說家普魯斯特（Marcel Proust）對閱讀英國文藝批評家拉斯金（John Ruskin）的反思（普魯斯特寫道：「宇宙在我眼中突然間重獲無限價值」），[27] 距離神學家巴特（Karl Barth）的觀察不遠，巴特指出上帝的道好像炸彈一樣攻擊人類歷史，粉碎我們視為理所當然的關於存在的一切，迫使我們以新的方式思想一切。[28]

詩歌也是這樣。甚少印刷的東西能比劣質的詩更糟。但好詩……唔，好詩反映一個全新的世界！我開始探索好詩時，最初閱讀很多佛洛斯特和桑德伯格（Carl Sandburg），我小時候讀書已經背了兩人的詩歌。我漸漸進入不熟悉的水域，閱讀布萊克（William Blake）、卡明斯（E. E. Cummings）、艾略特（T. S. Eliot）、奧登（W. H. Auden）、霍普金斯（Gerard Manley Hopkins）、鄧恩（John Donne）、赫伯特、希尼（Seamus Heaney）和恰爾迪（John Ciardi）（我因為他翻譯了但丁〔Dante〕的《神曲》〔*Divine Comedy*〕而認識他）、普拉特（Sylvia Plath）、拉金（Philip Larkin）、艾哈邁托娃（Anna Akhmatova）和萊維納（Philip Levine）。

對你這個剛開始閱讀詩歌的讀者，我的建議是找一個比你現在的理解程度稍高一疇的詩人，閱讀那個詩人的詩，直到你真的、真的明白。然後讀另一個詩人。你永不會失去你已經明白的那些詩人，而且總會將自己推向更深的水域。根據定義，壞詩是你第一次閱讀便可以窮盡它的意思的詩。好詩與你一起成長，你與它相處愈久，便會有新意思浮現。這解釋了為甚麼莎士比亞（Shakespeare）是偉大的。

我對區分好詩和壞詩所說的話，也適用於聖詩。壞的聖詩是你第一次唱便能夠完全明白的。好的聖詩在我們一生中隨著時間而揭示，帶我們進深，讓我們看到關於上帝和信仰生命的新事物。牧者必須明白這點，因為教會的神學理解永不會超越它所唱的聖詩的水平。這解釋了為甚麼沃茨（Isaac Watts）比克羅斯比（Fanny Crosby）更好。請不要要我開始唱今天各種新潮教會非常流行的聖詩，那些聖詩讚美我們和家具（天地裏的一切），而不是表達我們對上帝的愛慕。我支持那表面上過時的觀念，認為聖詩或靈歌和合唱歌應該包括有力的歌詞，建基於讚美和感恩，在上帝同在下稱頌和驚歎。甚至音樂也應該帶領我們進深，對我們有更多要求，提醒我們，我們和上帝之間有無限的分別，而且是質的分別，以及要上帝在憐憫和恩典中與我們相遇，是不可思議的紆尊行動。你有沒有看過貝格比（Jeremy Begbie）的《神學、音樂和時間》（*Theology, Music, and Time*）和史特帕（Calvin R. Stapert）的《我惟一的安慰：死亡、釋放和在巴哈音樂中的操練》（*My Only Comfort: Death, Deliverance, and Discipleship in the Music of Bach*）？還有約翰遜（Julian Johnson）的迷人研究《誰需要古典音樂》（*What Needs Classical Music*）。[29]

神學地思考我們的教會所唱的音樂和歌詞，是多麼美好的時間，特別是當你想到泰澤（Taizé）和約納（Iona）的音樂時！但那也是十分艱難的時間！無論是採用傳統、當代還是混合崇拜模式，大部分教會都應該得到更多。我提倡深度不是要提倡禮儀上的精英主義。我只是要求我們對上帝的默想和崇拜要對應我們崇拜的上帝的可畏威嚴和奇妙。永遠不要忘記，選擇崇拜的聖詩和講道都同樣是宣講的任務。

好了，我說完我要說的離題話——暫時。讓我們回到閱讀吧。

最近我的閱讀清單包括很多新名字和舊名字。我在讀托爾斯泰（Tolstoy）的《安娜．卡列尼娜》（*Anna Karenina*）。但我也閱讀當代作家（和近乎當代的作家），好像菲茨杰拉德（Penelope Fitzgerald）、漢森（Ron Hansen）、彼得．泰勒（Peter Taylor）、拜厄特（A. S. Byatt）、阿克羅伊德（Peter Ackroyd）、歐文（John Irving）、普羅塞（Francine Prose）、馬奎斯（Gabriel García Márquez）、克雷斯（Jim Crace）、巴爾內斯（Julian Barnes）、蘭什（Thomas Lynch）和斯邁利（Jane Smiley）。

最近，一位循道會的同工——實際上是一位區總監——告訴我，他不想要閱讀的牧者，他想要從經驗中學習的牧者。那是錯誤的選擇，如果隨著它的邏輯結論走，會迫使我們進入真正危險的狀況。事實是，無論你多好地運用你的經驗來學習，如果你只能夠利用自己對世界的微小經驗，你就是不能學到足夠的東西作偉大的牧者。但如果你閱讀，你便可以將你的經驗以幾何級倍增。讀者可以活一千次，而每個牧者也至少需要有跟讀者一樣多的經驗才行。正如西特勒說：「如果我知道的事情只是我自己找出的事情，我會是一個貧乏的人。透過偉大的詩歌、戲劇和散文，我經歷到我自己有限的生命從不讓我親歷的事情。」[30]多年前我讀到卡萊爾的一段文字，我將它貼在我其中一個書架上：「人類所做過、想過、得到或曾經是的一切，都在書籍的書頁中神奇地保存下來。」全都在那裏。我們需要做的只是取出來！

馬丁．路德說甚麼？「只有蠢材才單從經驗學習。」[31]

恩賴特是一位我十分欣賞的牧者，他擔任印第安諾波利斯（Indianapolis）第二長老會教會（Second Presbyterian Church）的主任牧師多年，他說他神學院的一位教授挑戰他每星期讀一本新書。現在他這樣做已經幾十年了，這反映在他的講道、他的談話和他整個生命中。

我幾乎可以聽到你問：「你說的反映是甚麼意思？」只是這樣：恩賴特提出一個問題時，他很明顯將大量知識和智慧帶到那問題，而那些知識和智慧是來自世界最好的頭腦的。他與這些頭腦對話，將他們從經驗中學到的東西，加到他自己對周圍世界那活生生的經驗中。最近我和他談及管家身分和財政問題。很快我們的午餐飯桌便（用比喻說）聚集了數十個十分有學識的人，他們提供他們對這個課題的視角，他們的論據和反論據。沒有任何一位牧者的觀念和經驗豐富得足以忽略屹立在我們世界的書架上的智慧寶庫。對於可以在小說中找到的真理，和對在非小說中可以找到的資料和思想，這講法都同樣真實。

我在這封信開首時，稱讚赫伯特的勸告，「神聖的生命就是鄉村牧師的圖書館」。赫伯特所說的和我的循道會朋友相似。他珍惜個人自己的經驗多於源自書籍的二手知識。赫伯特寫道：「患了結核病又知道甚麼令自己康復的人，在遇到同一種疾病時是醫生，能夠緩和病況；比有一般知識但從未病過的人，康復者做得好很多，而且能夠做的事更為具體。」[32] 我尊敬赫伯特，我尊重他在這裏表達的真理，但我會補充說，如果一個醫生忽略其他醫生的實踐和醫學研究者的實驗，便是醫學藝術的差勁從業員。我們的會眾患了心靈和精神的疾病和失調，是遠超過任何個別牧者的個人經驗和能力的。影響我們會眾的屬靈和情緒疾病的整個廣大世界，要求一隊學者、牧者、聖徒和醫生去經驗、明白、診斷和治療。我很感激自己讀過奧康納、霍桑和祁克果（Søren Kierkegaard）的著作，幫助我診斷出冒充為公義的致死的疾病；我也有喬治．艾略特（George Eliot）、格林和珀西幫助我，辨別表面上死一般的蒼白背後那充滿活力的屬靈健康。

你在信中提到你在讀一本關於珀西、多蘿西．戴、梅頓（Thomas Merton）和奧康納的書，但你沒有提到作者或書名。下次來信時請告知詳情。我一定要讀這本書！

9
怎樣容忍別人那些我實際上不同意的觀點
絕對主義者及相對主義者與寬容及多樣性

親愛的蘇珊：

很多謝你的來信。對不起我隔了幾天才回信給你。我剛從墨西哥北部的短宣旅程回來（現在準備去探望正在參加教會夏令營的青少年）。

每年我都誤以為教會生活的步伐在夏天會放慢。但我們沒有放慢腳步；我們只是換了排擋。在某些方面，我們甚至比一年裏的其餘時間更為忙碌，特別是當你連青少年營會、暑期教會學校、會議和我們在一些職員放假時怎樣分擔工作也考慮在內的話。不過，我今天收到你的信，想立即回信給你。

聽到你們牧者聯會的事情變得那麼糟，我感到很難過。即使不同意彼此的教義，基督徒（尤其是基督徒牧者）不能找到彼此相愛或者至少彼此尊重的方法，實在令人惋惜。

正如你可能知道，我多年前與迪肯森牧師（Reverend

Dickenson）在一個市鎮事奉。當時他積極參與牧者聯會的工作，也很投入社區，雖然他不容許他的教會與我們教會舉行任何聯合活動。我一直都視他為朋友。事實上，我們經常一起釣魚。我不能不想到發生在他女兒身上的事，引致他心裏形成你所說的「堅硬、冰冷的外殼」。我肯定你也知道——迪肯森牧師的女兒成了那教派的成員，以及圍繞她的死亡的那些可悲情境。個人來說，我不能想像自己可以捱過他和他太太所忍受的痛苦。我想迪肯森只是盡自己所能去應付。但那實在令人憂愁，我感到十分難過。我不知道，但我感到他現在容許他的哀傷和憤怒，以及他對和他有不同信念的人的恐懼，都集中在你身上，彷彿你是他的「敵人」。我要告訴你，我感到很難想像他在聯會的會議上站起來那樣責罵你。我不能想像你需要怎樣的勇氣和仁慈，才能夠坐在那裏，默默承受，不作任何回應。

你問我為甚麼人們那麼難以處理分歧，這個問題明顯是基於你最近與迪肯森的磨難。在這封信裏，我傾向將回應限制在迪肯森的話背後的牧養議題。他的評論確實**有**牧養議題，而且有很多。由跟我們沒有共同語言的人溝通的困難，到由於他們跟我們不同，他們的語言和習慣又令我們感到奇怪，以致我們傾向輕視或排斥他們，再到今天很多人因為恐怖主義和有些人所說的「文明衝突」而充滿恐懼和焦慮，都在牧養議題之列。

但是，如果你不介意的話，我想我會處理一個更大的問題。我不知道我的思想會否給你面對的事情一點亮光，但或許它們至少可以幫助我，在一個愈來愈多元化，你的鄰居愈來愈不可能與你有共同信仰、有共同的價值觀和終極盼望的城市擔任牧師時，挖掘我一直在處理的一些問題。

我感到接受多元化是我們身為牧者和基督徒面對的其中一個最大挑戰。但我不如你看來那樣確定，我們所有的選擇只是絕對主義或相對主義。（或許如果我好像你那樣被同工攻擊過，我會有不同感受！）兩個選擇都似乎是同一個令人厭倦的古老主題的不同變奏。

絕對主義者說：「每個關於信仰、價值觀和盼望的真實問題，都只有一個答案。我知道那個答案。任何不同意的人都是錯誤的——甚至可能是邪惡的。」我認為哈迪（Henry Hardy）說「英國鄉村教區牧師」是「一副較容易讓人接受的臉面，在其他處境下教唆政治暴力和憎恨那種事」[33]時，心裏想著的是絕對主義者。有些絕對主義者排斥別人是因為別人不同意他們，有些持自由思想的絕對主義者願意不理會別人的錯誤，稱之為寬容；無論如何，他們仍然相信，每個真正的問題只有一個答案。

相對主義者生活在同一條長長街道的另一邊。相對主義者可能說所有道路都通向同一個目的地（這是我所聽過最顯然的愚蠢和虛假觀念），或者正確答案最終是向我們隱藏的，所以我們必須在無知中混過，接受我們能夠找到的最好答案。但相對主義者相信，如果問題是真正的問題，便有一個真正的答案，即使我們不知道那答案是甚麼。

很難說哪個選擇更糟。絕對主義取向似乎在古拉格

(gulag；編按：前蘇聯的勞改營)或集中營的大門終結，在那裏，每一個不同意「我的」方法(那「正確的」方法)的人，都永遠被關起來或中毒氣而亡。相對主義取向在地獄的大門終結，在那裏，最神聖的責任和價值觀，人類最珍惜的盼望和夢想，最終遇到自鳴得意的犬儒主義，被化約為瑣碎小事。這令我想起清教徒傳道人謝潑德(Thomas Shepard)對寬容所說的話：「容忍所有事物，和對一切都不容忍……兩者都是不容忍：但撒但的政策是請求無盡和無界限的容忍。」

兩種取向都沒有認真看待上帝織進創造中的多樣性，上帝創造那鋪張、滿溢的多元宇宙(正如詹姆斯〔William James〕稱呼宇宙那樣)。而身為牧者和基督徒，我想找方法認真看待上帝自身那永恆的存有(父、子、聖靈)的深刻多樣性，思想上帝自己的多樣性，以明白上帝的創造那令人驚訝的多樣性。你明白嗎？如果上帝真的是一些哲學家所設想的單一、空無、沒有窗的單子；那麼，所有現實、創造和人類，都應只是同樣單一、同樣孤立和遠離其他人、同樣空無和沒有窗，那樣才合理。但上帝不是這樣。耶穌基督反映的上帝是十分複雜的——是一個奧祕。(不！是**那個**奧祕。)上帝身為聖三一有自己的存有，父、子和聖靈的三一。某意義上，上帝是特定的關係、永恆的關係：那使一切成為存有的父，是存有的永恆安好；子是父沒有形象的永恆捨己之形象；聖靈是父上帝和子上帝彼此分享並分予整個創造的永恆生命和愛。這三一上帝，祂的存有居住在統一的多元的奧祕中，祂從上帝的愛和生命的深處創造世界和人類，在整個創造中放上上帝自己三一性情的印記。上帝創造萬物，將上帝全能屬性核心中的自由賦予萬物。這肯定是我們在聖經一再聽到的偉大、可怕和奇妙故事：上帝的恩典先於上帝的律法，令上帝的律法成為可能的故事；上帝的憐憫救贖我們脱離每個墮落的故事；這個故事一再表明上帝愛自由多於安全。

這一切表示：有很多很多真實的問題，可能有超過一個或以上的正確答案。這是真實的，不單是因為我們無知或有罪，而是因為上帝和上帝的創造，比任何一個答案所可以表達的，都遠為巨大、深刻、複雜、更為驚人奧妙。與上帝相遇，嘗試明白上帝和上帝極其豐富的創造的不同人種、羣體、社會和文化，都一定會以十分不同的方式觀看和經驗事物，也會以十分不同的方式表達他們的理解和信仰。

這肯定並不表示所有道路都通向同一個地方。有些道路是死胡同。有些道路彼此交錯。有些道路通向上，有些道路通向下。有些道路互相平行，有些道路在其他道路上面，好像瀝青蓋在古老的牛路上。但是，不必單單因為好問題有兩個十分不同的答案，便認為需要定出其中一個答案是錯的。

你在信件開首時，問我怎樣容忍別人那些我實際上不同意的觀點。你怎樣與憎恨你最關心的事情的人發展關係？這些是個人的問題，但不是抽象的問題。它們需要有個人的回答。但也需要有明智的回答。我會嘗試一下。

世上有不同種類的寬容。有些寬容的形式，是不能寬容的。但我會説，一般來説，寬容是底線，是對相異之處的最低回應。威廉斯(Bernard Williams)曾經説:「寬容之難在於它似乎既是必須又是不可能的。」他説宗教寬容尤其如此。「我們只有在難以容忍別人和他們的生活方式時,才需要這樣做。」[34]

寬容可以是低限度到只是容忍別人的錯誤。我認識一些「寬容」的人是俯就別人。我認識一些「寬容」的人對別人的信念只有很少尊重,甚至完全沒有尊重。另一方面,寬容可以徹底得歡迎一個觀點受你譴責的人,以及致力盡可能聆聽那人的信念,向那人的信念學習。寬容可以取克制或接受的形式去對待別人的觀點,如果不行,至少也這樣對待那個人。我認為,寬容不等同我們社會中很多人對別人的信念和價值觀那種無力的漠不關心或冷漠。寬容將某些值得為之而爭鬥的東西(一個觀念、一個目標、一個熱望、一種實踐等)假設為一個問題。寬容涉及冒險;可能需要付代價。在寬容的最低限度,寬容可能只要求我付出一點時間和忍耐。但它也可能要求我付出多很多東西。若然我們的善意被出賣的話,寬容可能要我們付出生命和財富作為代價,包括名譽這種財富。

不過,某意義上,我會説寬容本身永遠並非足夠的基督徒回應。我們必須愛其他人,在他們的相異之處,看到我們有可能在他們裏面跟上帝的形象面對面。我們必須顯出殷勤,歡迎陌生人,就好像陌生人是基督本人一樣,無論陌生人可能多麼「陌生」。我們必須饒恕,即使彼此未能達成理解,也必須開始這個觀念。所有這些基督徒美德都超越寬容，但它們都可以視寬容為出發點。

我不知道我有沒有告訴你，幾個星期前我和教會一位會友有嚴重的爭論。現在回想，我不能想像自己何以讓事情變得那麼火爆。剛巧我在那爭論後第二天離開了那個市鎮。當時我駕著車，那是主日早上，平時崇拜的時間（上午十一時這神聖時刻）即將來到時，我發覺自己在一個小市鎮。我駛入路經的第一間教堂的停車場，走進教堂坐下。我以前從未到過這間教堂，事實上，是從未到過這個宗派的教堂。講員的題目是「寬容是否基督徒的美德？」你對他的答案可能感興趣。他說：「我不知道寬容是否基督徒的美德。但我知道謙卑是基督徒的美德，饒恕也是。我們是否願意容忍別人的相異，並不是真正的問題。我們蒙召作門徒，呼召我們的上帝向我們保證，如果我們跟隨祂，便會得到十字架。就是這樣！與十字架對我們的要求相比，寬容簡直微不足道。」

崇拜一結束，我便找電話打給與我爭論的會友。我嚥下我的尊嚴，請求他原諒。

我覺得你的情況有點不同。或許你不需要要求原諒（我不知道，我只是這樣假設），但你有機會饒恕。無論迪肯森是否接受你的饒恕——唔，那不在你的能力以內。你有能力去做的，是饒恕。正如那講員說，與那相比，「寬容是微不足道」。

10

只有眼前這一代人的集體記憶

讓先賢先聖在今天也擁有投票權

親愛的馬爾科姆：

晦澀！旁徵博引！抽象！

你是甚麼意思？單因為我引述該撒利亞的巴西流、屈梭多模和拿先斯的貴格利，我所說的話就突然變得答非所問嗎？

你說你「對這些封塵的巨著」有過敏反應，我能夠想到的只是，由於我引述的基督徒活在很久以前，你便認為他們不值一提嗎？不，我不是藉著引述好像屈梭多模這樣的人來表現我的「學術」資歷——雖然我也會強調，在教會的生命中，學術和學者的呼召都有必要的地位。但是，教會的人記念他們以前的聖徒，並不是因為「學術」。尊敬很久以前建立我們今天崇拜的信仰之家的人，那最多僅僅是出於**忠於教會**。

天啊！當代職事變得那麼自大，以致視「安躺的教會」

為可以丟棄的嗎？

我想——不，我**需要**！——聆聽那些見證人的聲音，他們在我們出生以前所過的信仰生活譜成的合唱曲。縱然我認為現在不是十分歡迎這觀念，但傳統是重要的。不是傳統主義——對「我們一向的做事方式」那迂腐、毫不質疑、毫不批判的尊重——而是傳統，智慧和信仰在深處流淌的清泉，上帝整個羣體的遺產，在過去湧起，在今天給上帝的百姓帶來活力。

我同意切斯特頓（G. K. Chesterton）說，在最基本的層面，傳統只是「給所有階級中最隱晦的階級（也就是我們的祖先）的投票權。那是死人的民主。」[35]但他們不單是「死人」，根據我們的信仰，他們不是死人。「我們若活著，是為主而活；若死了，是為主而死。所以，我們或活或死總是主的人。」（羅十四8）我們假設，由於我們享受今天活著這歷史的偶然，我們便比生活在四世紀的該撒利亞的巴西流聰明，這是多麼的自大。我們需要巴西流的智慧，我們現在便需要這種智慧。

唔，朋友，你令我光火，但那只是因為你的話並非罕見。當代教會就好像每天早上起來都看見一個新世界的笨蛋一樣（忘記了從前），至少在我社區及鄰近的教會如是。

最近我讀了一本關於牧養職事的書——毋須說是誰寫的——那本書說我們這個時代教會面對的危機（老實說，我不記得那個人指的是甚麼危機）是教會面對過的最大危機。這不單是在歷史上不準確的廢話，也令人對教會的狀況感到焦慮，而焦慮是智慧的最大敵人。焦慮令人提供壞的意見。焦慮的人傾向不會做出好決定；他們只是作出孤注一擲的選擇。巴西流、屈梭多模、貴格利、諾域治的茱莉安（Julian of Norwich）、馬丁・路德、加爾文和很多很多其他人，都給我洞察力；他們提醒我：比起我個人對上帝那有限的經驗，教會要遠為龐大、崇高和深廣得多。

不過，在某個方面，你可能是對的。那些擁有學者（讓我用這個詞而不用「學術」）召命的人，他們在提醒教會它的深厚傳統一事上，的確佔了大多數席位。有時候，基督徒學術研究，似乎是意味著充當教會的長期記憶銀行。甚至頗為古老的教會，都似乎只有大約二十五年左右的集體記憶，大約只是一代人。有些市郊的教會（你知道我現已在市郊教會事奉了很多年）會友經常轉變，無論是因為他們對教會持採購和跳來跳去的態度，還是中產社會的短暫本質，他們甚至不能記得十年前的事。基督徒學者可以（也應該）提醒我們，關於上帝和忠心的真正重大和真正重要的談話，可以遠溯到幾百甚至幾千年前。

一位牧師曾經告訴我，他在神學院擔任副教授的經驗。他說他教的所有課程中，對學生似乎有最深刻影響、似乎最能夠改變他們的看法的，是教會歷史。他說：「大部分人只是假設所有基督徒和所有教會在歷代以來的外表、思想和行動都一模一樣。上帝的百姓可以既忠誠，又與我們狹窄的經驗截然不同，教會歷史讓他們看到這驚人可能性。」

我說，讓聖徒投票吧。讓他們說出他們的心底話！

我必須走了。提名委員會幾分鐘後便要開會，我參加這會議從沒有遲到過。

11

休假與安息日之別

繼續放假，還是為有需要的會友取消休假？

親愛的吉姆：

謝謝你仁慈的說話，以及你接受我之前的勸誡的精神。你是好朋友，因為我的意見和建議確實傾向頗為具指導性。正因為這樣，我不會花很多時間去輔導會眾。在重讀我給你的信後，我幾乎沒有將它寄出。我不認識你，恐怕那麼直接勸誡你是有點失禮（我無疑確實是這樣）。

麥克布賴德幾天前給我電郵，説你和他談過那封信，你想繼續我們之間的交談。或許有天，我們可以面對面傾談未盡之事呢。

現在跟進你關於持守你身為牧者的「界線」這個問題。你問我：「如果有些事情在你休息日發生，你身為牧師會怎樣做？你繼續放假，還是取消休假？」正如我以前説過，我想如果你用安息日來思想，你的基礎會更牢固。但即使這樣，我感到你似乎需要非常清晰而又非常富彈性的處理方法。所以答案是：視乎情況而定。

我一位朋友是一間忙碌的市郊教會的牧師。幾個星期前，她接到鄰近的教會其中一個會友打給她的電話。那個人需要找牧師主持他父親的喪禮，他父親年紀很大，在中風後去世。我朋友問他，他自己的牧師能否主持喪禮。那人說：「不能。喪禮安排了在星期五，而他星期五放假。」我朋友告訴那人，她需要先與他的牧師傾談，然後會立即回覆他。她找那個牧師，對方確定自己拒絕主持喪禮，因為那是他休假的日子。她問那牧師會否容許她代替他。他說他很歡迎她這樣做，於是她便作出安排。

她與我談話時，感到很憤怒。她說：「我明白他需要不讓自己耗盡。但怎能只是因為剛巧是自己的休假而拒絕為會友主持喪禮？改在另一天休假吧！重新安排自己的日程吧！不要因為自己可以遲一點起牀便拒絕以牧師的身分服事會友！」

整體上，我同意她的見解。有時會眾的需要比我們照顧自己的需要更重要。

我是不是說牧師耗盡不是問題？我是不是說人們的每一個需要都比我們自己的需要更重要？實際上不是。我不相信令自己早早便進入墳墓是能夠榮耀上帝的事。

不過，我會提出的是再思牧者的生命，讓我們可以看到成為牧者的神學意義。如果我們要在上帝的百姓之間給予領導，我們需要恢復牧養職事那屬靈的心。我們需要過自然地呼吸的生命。這可能要求我們將我們對召命的想法非專業化。我們不應需要藉由不活動，令我們恢復自恃的能力（那是我們大部分人對休假的觀念；那是專業應得的，容許我們逃避別人的要求）；而是上帝呼召我們過一種生活，在其中獨處和羣體工作和諧一致，兩者都提供機會給我們娛樂和服事。

班克森（Marjory Bankson）說：「呼召的觀念假設我們在屬靈上與別人和創造連在一起，無論我們喜歡與否……我們分開，藉以明白我們是相連的——不單彼此相連，也與上帝相連。」[36] 我想這個觀念自然地源自上帝——父、子和聖靈——創造人類反映上帝自己的三一羣體這個觀念。我們受造在關係中，如果我們截斷這關連，我們便耗盡。

這樣說合理嗎？

換句話說，耗盡不是因為工作過勞；而是因為關係不夠，或關係不好。問題不是你是否干擾自己的休假去為會友主持喪禮。這樣看事物，其假設是：你在教會的目的是提供專業服務，你有權在某些時間不提供這些服務，因為你的合約這樣規定。問題倒是關乎你的身分，在你與會友的關係之中「你究竟是誰」，上帝呼召你在他們中間做甚麼。身分和召命永遠都不單關乎合約；它們關乎立約。

對我來說，主持會友的喪禮是牧養職事中最痛苦的一面。有一天我對一位和我十分親密的牧師這樣說。她同意，但補充說：「但我不想其他人替會友主持喪禮。」這是真正的牧者說的話。羣體要求相互責任的交匯。我們在羣體中一起生活的生命要我們付出很大代價。它肯定是這樣。它要我們的眼淚和哀傷、擔心和後悔。但我們一起生活的生命也支持和培育我們。

身為內向的人，我需要獨自一人的時間。我需要獨處，否則我對任何人(特別是我自己)都沒有好處。如果我沒有時間獨處，讓自己恢復過來，我會變得煩躁和脾氣暴躁。這些時間往往用來聽音樂、做運動、閱讀或同時做這幾件事。我幾乎每天都需要這樣獨處的時間。如果我等到自己筋疲力盡才休息，便是愚不可及。正如每晚都不睡覺直到自己幾天後筋疲力盡地倒下一樣愚不可及。

外向的人需要在人羣中讓自己恢復過來，得到能量和處理想法。他們也需要留意自己生命的自然節奏。他們不能將那與別人一起的固定而正常的需要無限期押後。要將牧養職事設想為呼召，首先要想到上帝祂的目的怎樣使用真正的我們。這帶我們回到前一封信觸及的一個主題：牧者守安息日。正如我以前說過，雖然牧者沒有神學根據去要求「休假」，但牧師有神聖的責任持守和教導安息日。

人類自大地相信世界屬於我們，自負得想像自己是不可或缺的。當代文化的空虛，將人化約為商品和商品的消費者，每分每秒都是根據經濟學來量化的。相反，安息日教導我們，時間和空間都屬於上帝，我們每一口氣都倚靠上帝，如果沒有上帝持續的照顧，我們便會不存在。我們的人性不能化約為單面的描述(好像「消費者」這個標籤)，因為我們是按著上帝的形象受造；而好像我們這樣按著上帝的形象受造，是受造反映上帝的性情。

安息日是一種特別的休息。那是記念上帝的創造和再創造，以及讓我們的靈得以恢復。安息日提醒我們，我們由創造萬物的上帝呼召進入創造，進入上帝創造的管家身分。它也提醒我們，我們身為上帝的創造物，本身就需要上帝所指示的休息。

「休假」的心態要求我們清空自己的工作空間，讓自己可以再充電；安息日的精神則要求我們藉著尊重上帝聖化的時間，看見上帝在空間中的工作。安息日提醒我們，我們的靈魂由永恆在時間中支取。

由於我們是基督徒，星期日、主日、一星期的第一日，肯定有新的意義。某意義上，星期日是復活和復活節的日子，開始每一個新的星期。對牧者來說，它有時是我們面對的最忙碌的一天。就好像基督來成全律法和先知，基督也來成全安息日。我們在基督裏休息。基督是上帝給我們的安息日。基督帶領我們進入祂給我們的安息日休息。基督並不廢掉安息日，基督也不廢掉我們對神聖休息的需要。

身為牧者，我們有很好的機會，可以用一種方式生活去教導我們的會眾，以致他們可以學習到，他們身為人，是可以倚靠上帝，是可以在基督裏經驗只有上帝可以賜予的恢復能力的。那就是：我們可以藉著在我們生命中將安息日當為安息日（而不是世俗的休假）來持守，以及將安息日保持為神聖的，分別出來。

這又帶我們回到我朋友和那個拒絕在休假時主持喪禮的牧師那裏。我認為那位牧師應該做三件事。首先，他應該守安息日，而不是「休假」。第二，他應該將安息日稱為安息日，令它成為讓靈性、情感和身體得以恢復的日子，從而尊重安息日。不過，安息日並不是每天過清醒和蒙福生活的代替品。安息日的影響擴展到一星期的每一天，救贖我們所渡過的所有時間，祝福每天奉上帝的名而作的勞動和休息。安息日教導我們尊重休息和勞動、獨處和羣體的節奏，這些節奏令生命有價值。第三，他應該藉著主持喪禮尊重他蒙召服事的羣體的生命。無論如何，這是我的想法。

我希望你認為這是有道理的。我期待聽到你的想法。

12

為了會眾而學習

事奉是一種實踐，必須經過學習與磨練，甚至付上痛苦的代價

親愛的保羅：

實在很多謝你寄那本書給我。對，我知道你買那本書的書店——那裏離諾域治大教堂（Norwich Cathedral）不遠。去年我們到訪英國時，剛好到了同一間書店。不，我以前未見過這本書，我也不知道羅賓遜（Arthur W. Robinson, D. D.）是誰，雖然我要告訴你，他的正式銜頭「塔旁巴爾金諸聖日的教區牧師，韋克菲爾德主教的審查牧師」（Vicar of Allhallows Barking by the Tower, Examining Chaplain to the Bishop of Wakefield）聽起來好像來自沃德豪斯（Wodehouse）的作品。

我猜你寄那本書給我前已經讀過它。我覺得它真的很有趣。例如：在第二章，作者這樣總結那章的信息：「『力量不是上帝的屬性。』我們必須合作。在這意義下，恩典並不令生命更容易一些。」

作者在這一章的思想，頗為緊密地對應著你所提出的擔憂：難以明白某些詩人的作品。我很高興我那番關於赫伯特的話能啟發你開始閱讀他的詩。我知道他可以是頗難明白的，但嘗試明白偉大詩人而付出的努力，會得到連本帶利的回報。(如果你知道「易碎的瘋狂玻璃」指染色玻璃，而「退火」這個詞指加熱產生玻璃的過程，你對他的詩作〈窗子〉〔“The Windows”〕所感到的混亂，或許得以清除。所以，這首詩實際上是關於：當上帝的故事透過存在的磨練和神聖的掙扎在講員的生命中彰顯時，講員自己的生命便成了他們真正的講章。)你大概會想找一本附評註的赫伯特詩集，一些有詳盡註腳的版本來幫助你理解。

無論怎樣，你在信中表示，如果某一事情是敬虔和良善的話，它應該不難做，恩典應該會清除障礙。你有可能從哪裏得到這個觀念的呢？你寄給我這本了不起的書，直接談到你的關注。羅賓遜說：「恩賜並不令擁有者不用努力工作。『天才』，其經常被引用的定義是，『忍受痛苦的無盡能力』。以為任何真正偉大的東西是不用努力便能夠實現的，是最大的幻象。」[37]這是羅賓遜說的：「恩典並不令生命更容易一些」的意思。他將這洞見直接應用到講道，引述「利登博士」(Dr. Liddon)的話，當有人「要求他給年青人幾堂關於講道的課時，他拒絕，宣稱他『只能夠叫他們忍受痛苦』。」[38]那麼，恩典好像天才一樣，對羅賓遜來說，成了「忍受痛苦的無盡能力」。[39]

如果事奉是一種實踐或一套實踐，那就再也清晰不過了。任何音樂家都知道這是真的。我以前看過一套關於藍調結他手金（B. B. King）的電影。他在一個爵士樂會議中主持工作坊。一個熱誠的年青爵士樂手請金給他一些忠告。他叫那年青人練習音階，即使有一個漂亮的女孩在屋外等他。

你和我一直在談論講員應該讀的書，羅賓遜關於「忍受痛苦」的恩典所作的概括建議，肯定是指到我們要明白好像赫伯特、布萊克和奧登等詩人的作品時，所需做的那種工作。但這又引領我探討牧者的閱讀不應該忽略的另一面：一流的聖經和神學著作。

身為牧者，我們很容易出於放縱和懶惰而放棄認真研究和閱讀嚴肅學術著作，高呼：「我很實際，以致不閱讀理論。」當然，大部分時間都不是那「理論」令我們抗拒；而是材料的艱深、新觀念的挑戰，以及閱讀最好的學者的著作所必需的紀律。我不肯定每個牧者都需要成為學者——雖然我認識一些了不起的牧師同時也是一流的學者，他們的教會從他們的學術中獲益良多。但我會提出，所有牧者都應該向學術開放，預備學習；就算不是為了自己，至少也應為了會友而這樣做。

最近，我有幸參與一位在亞特蘭大的牧師朋友的就職崇拜。講員是朗（Tom Long）。你提到你很喜歡他在普林斯頓（Princeton）時寫的那些關於講道的書，正如你知道，他現於坎特勒神學院（Candler School of Theology）任教。你知道他在講道中告訴我們甚麼嗎？他說我們這個時代最大的異端不是無神論，而是淺薄。你知道嗎？在崇拜後，我站在那裏，聽人們上前與朗握手時跟他說甚麼，我留意到很多平信徒告訴他，他們很感激他所說的話。他們同意朗所說的。這令我想起朗說過的另一個故事。他在晚堂崇拜講道後，邀請會眾與他分享，他們想他帶甚麼信息給回神學院。一位年長的女士上前，簡單直接地說：「認真對待我們。」

有時候，我感到我們牧者彷彿將教會低貶到令它死去的程度。無論是講道，還是在回應會友提出的問題時，都信口開河；著書，但內容總是承諾太多、給予太少；我們往往在需要做更多事情時，卻不情願作聲。正如一位風趣的牧師最近說，我們患了「深刻的淺薄」。我感到好像卡通人物波戈（Pogo）那樣，他說：「我們遇見敵人，敵人就是我們。」我們的會眾面對的問題，我們的世界面對的問題，都是深刻、真實和嚴肅的；它們應該得到我們深刻、真實和嚴肅的回應，深思的回應，有事實根據、有知識和明智的回應。厄普代克（John Updike）曾在一個書評中評論過一個著名基督徒哲學家思想的質素。他所說的話令身為牧師的我感到痛苦，因為我知道他是對的。他說如果這個思想家的聽眾不是主要由牧者組成的話，人們便不會認真對待他。[40] 我們的會眾說：「認真對待我們」時，他們要求我們——他們的牧者——也更認真地看我們的召命，這個召命曾經為深思、批判性的反思定下參照標準。

心裏記著這個想法，我想回到你的問題：講員應該讀甚麼？

答案是：任何令上帝的世界更清晰的東西，都是講員應該閱讀的。

講員應該廣泛和深入地閱讀，而不是膚淺地閱讀。為甚麼？因為他們為了別人而閱讀。你知道有句老話說「孕婦為兩個人而進食」嗎？唔，牧者的閱讀是為比兩個人多得多的人羣而進行的！他們為整個教會、整個羣體，有時甚至為整個社會閱讀。身為牧者，你閱讀，你神學和批判地思考，你為了你的會眾沉思和苦思你所讀的東西。

這甚至擴展到進入事奉前的預備——在神學院的生命。接受訓練的牧者，他們是為了多年以後，所有他們會教導、向他們講道和帶領的人而學習的。某意義上，在聖經或神學課堂上，坐在神學生旁邊的，是神學生將來會牧養的所有人——兒童和成年人、年青人和長者。

我們閱讀時，也是這樣。我坐在家裏的椅子上閱讀時，整間教會都在我後面觀看。他們總是在我的書房中。

每當我想到我們召命的這方面時，我便記起希尼的一首詩。那是他其中一首最早期和最著名的詩。他在思想他父親那掘泥煤工人的職業：挖掘泥煤礦，翻開土地。很快你便發覺詩人在談論他自己的職業，以他的筆挖掘生命的泥土，愈挖愈深。在整個創造中，沒有甚麼是講員不感好奇、不想認識的，沒有甚麼真知識是在這條界線以外的。我們蒙召愈挖愈深，是為了我們會眾的緣故；他們每個星期都值得我們從講壇中將最好的帶給他們，是為了基督的緣故。正如羅賓遜說，恩典並不令這更容易一些。上帝的恩典的要求，只會令這個任務更大和更重要。

富司迪（Harry Emerson Fosdick）曾經說過，前來教會的人，沒有一個是懷著極大的渴望想知道耶布斯人遇到甚麼事情的。這是真的，深入但呈現出來變得乾澀乏味的學術，並不能起教化作用。學術本身也不應該在講壇展示。講員無休止地講述不定過去時態在保羅某節經文中的重要性時，令我感到苦惱。但是，拙劣地運用學術，並不能給無知引為藉口。我們的會眾過的生活充滿真實的危險、難以應付的困難、深刻的憂傷、不能量度的混亂和挑戰，他們也渴望明白這一切是甚麼意思。我們應該接受恩典要求的一切痛苦，去應付他們的需要。

再次多謝你寄那本了不起的書給我。

13
牧養職事是屬靈操練
負傷的治療者與會眾一同等候

親愛的多蘿西：

我不單相信有假和真的先知、好和壞的靈，也相信牧者的呼召必須被理解為一份屬靈的努力。我們的召命是在屬靈的層面爭取會眾（和我們自己）的健康和整全。

正因為這樣，不單是古籍收藏家才對《黑馬牧人書》（以及我在上一封信推薦的其他使徒著作）感興趣，牧者也應該對它感興趣。如果我們要忠於我們的呼召，便需要做試驗諸靈這困難的工作——並要屬靈地試驗觀念、概念、價值觀、信念、委身和各種事情。我們要試驗任何尋求佔有人類靈魂的東西。不，我談及不好或邪惡的靈時，不單是以比喻談及心理過程中黑暗的一面，雖然我確實認為某意義上，心理疾病和社會疾病也可以大致當為屬靈事情。（聽到你說那個你在信中提到的年青女士離開了你的教會，而不是開放自己，讓其他人在她走向牧職的過程中參與辨別，令我感到難過。

你身為她的牧者，我肯定你一定感到相當痛苦。）

巴科斯特在《改革派牧師》中說：「一般來說，牧養工作的主題是屬靈事物，或者關乎討上帝喜悅和我們會眾的救恩的事情。」[41] 至少對我來說，這表示了牧師在最深刻的層面（屬靈的層面）留意會眾的整個生命。無論我們稱這為「屬靈指導」或「牧養培育」，都沒有甚麼分別。更重要的是我們明白培養屬靈的操練，包括集體崇拜、研經、禱告和培養個人反省，並非牧者的生命和日常職事中可有可無的額外事情。牧者也不可能在行使這方面的事情時，也就是牧養職事的核心時，選擇會否在屬靈上向別人負責。

我們有時會忘記了，在與我們生命有關的最尋常的層面運用「屬靈」操練。在最日常的事件。就好像當那些令人煩躁的人——他是圖謀不軌或無厘頭或（驚喜吧！）可能只是開放、友善的人，來分享自己的快樂？——在早上於咖啡室第三次停在你桌旁，告訴你一個「有趣的故事」，是只有他才感到有趣的；你開始想，其他桌子的人會否因你對那個人以禮相待，而開始猜想你是不是也有點古怪。就好像一個年青人在你正在看喜歡的電視節目時敲你的門，要求你在一份重要的東西上簽署名字，但你討厭那個人干擾你在家裏的「私人時間」。就好像一個你愛的人，其聲音開始好像手指甲刮在黑板上一樣刺激你的神經（不為甚麼特定原因），而你發現，那勸你要將另一邊面轉過來的教導，可能是與聆聽教會的一個會友抱怨有關，多於與服役有關。有時我們認為屬靈事情必然是那些給整齊地嵌入彩花玻璃的事情。沒有甚麼比這距離事實更遠的了。屬靈生命最大的挑戰在生命最平凡的活動和關係中發生。

蒂利克(Helmut Thielicke)在一本稱為《給年青神學家的小小練習》(*A Little Exercise for Young Theologians*)的書中，告訴開始讀神學的學生，所有真正的神學都是禱告的神學；他提醒他們，聖安瑟倫(Saint Anselm)那關於上帝存在的著名本體論論證，實際上是作為禱告而寫出來的。[42]我真的不感到將學術神學構想為禱告的行動是困難的。不過，我有時感到十分困難的是，真的始終如一地將牧養職事構想為禱告。為甚麼？因為牧養職事要求持續與人交往，這就是原因。我發覺將基督徒的慈善和靈的慷慨，擴展到康德(Kant)比擴展到教會的風琴手容易得無限多；而無論我可能發覺巴特關於三一的腳踪(*vestigia trinitatis*)的話多麼令人沮喪，都不如育兒保母在最後一刻——**再次**——打電話來說她會遲到那麼令人沮喪。如果牧養職事是禱告的行動，那麼所有事情，無論大小，都置於一個全新的框架中，而生命(所有生命)則比它看起來複雜得多。

職事(正如所有生命)的大危險，往往在表面下發生。我們看到冰山浮在水面上的部分，以及冰山仍然與我們的船隻有安全的距離，但卻沒有留意到在水面以下我們看不見那部分(那大得多的部分)的冰山對船身造成的破壞。我們往往沒有發覺自己身處屬靈危險，直到我們開始下沉。職事的屬靈掙扎，往往在表面下發生，在難以捉摸的態度和動機裏，在慢慢燃燒的怨恨裏，在公義的憤怒的刺激裏，在小小的出賣裏，在失望和懷疑和不耐煩裏，在「太不重要」以致沒有提到的情感張力裏。

很久以前強加的傷口在心裏化膿，但卻看不見；曾經說過的刻薄話，永不會被忘記。在饒恕看似是不可寬赦之時，牧者往往是惟一有機會教導怎樣饒恕的人，不是因為引致痛苦的人需要得到饒恕（雖然那人確實需要），而是因為不饒恕的人會忍受地獄的痛苦，直到他們學懂饒恕為止。一個人可能會因為損害別人而帶來個人勝利而狂喜，這已經夠糟了；雖然，真正的危險可能在那個被人所勝的人的心裏，他不能忘記被人惡待，隨著時間過去，他的正義會侵蝕他的靈魂。牧者往往是必須檢視受傷的心的人，他必須找方法說服破碎的心接受醫治。

牧養職事是屬靈事情，從開始到結尾都是。我們從沒有下班時間——至少不是**從**這職務下班。在私人談話和公開宣告中，你都是牧者，你必須繼續留意到這個職位、這個角色、這個呼召對你的要求。

談到公開宣告：將焦點放在破碎的心的講員，很少錯失福音的標記，不是巴科斯特說的嗎？我想他說了一些類似的話，雖然我不記得他在哪裏說過。這肯定是真的。但**怎樣**是真的？牧者沉浸在聖靈的學校，知道任何以破碎的心為焦點的講道，都一定源自破碎的心——源自牧者破碎的心，他們背負自己的遺憾、罪、孤單，自己所愛的人對自己細小而又或許巨大的出賣。牧者渴望和所有等候他們口中說出的恩典的話的破碎心靈，一起聽到這話。我總是感到，最能夠讓人聽到的道，是講員也在聆聽的道，講員容許上帝的道同時向講員和會眾説話。但是，任何以人性破碎的心為焦點的道，最終都必須認識上帝自己那破碎的心。諾貝爾獎得主維瑟爾肯定是人類之中的一個偉大的心靈。曾經有人問他，聖經中最可悲的人物是誰。他回答説是上帝。我讀浪子的比喻，不能不想到他的話。這肯定是哀傷的父親的比喻。

多蘿西，在你給我的第一封信中，你提到這是你的第三個事業，或許你可以在退休前給教會十年時間。我相信你有一個很好的開始。但你説的另一些話令我憂愁，雖然我沒有回應那些話。你説你浪費了生命裏的四十八年，才回應上帝的呼召。我想我知道你那樣説是甚麼意思，但我不相信你在接受事奉的呼召前的生命是給浪費掉的。有了上帝，甚至時間也可以贖回。在生命的那些年間，你學懂一些關於上帝和關於人性的事情，可以是連你自己也不知道自己已經學懂了的。現在，是時候將你到現時為止的整個生命，化成禱告和敬虔的思考。利用那些日子，在心裏懷著禱告思索它們，發掘蘊藏在它們裏面的智慧。也要開放那些日子，給信仰羣體進行深思熟慮的照顧。邀請你的會眾進入你的禱告和思想。所有職事都是屬靈操練，正如所有生命都是一樣。我十分相信，那些年日對你來説，會成為教導你所服事的會眾的豐富資源。巴科斯特指出：「我們有上帝無底的愛和憐憫的深度，祂設計的奧祕的深度⋯⋯以及他們自己的心揭示的深度。」[43] 如果我們不獻身於揭示我們自己的心的深度，便沒有方法忠於這職事，終歸揭示我們會眾的心的深度。

揭示我們的心，顯然是危險的，這不單在於可悲地影響我們的一些同工的屬靈自戀。他們不斷的自我指涉和自我專注，給靈性帶來一個壞名聲。但我相信你不會這樣做，我鼓勵你找一些要你問責的同工和會友，如果你傾向那樣時，他們便要告訴你。我想，整體來說，至少對你來說，另一個選擇是更大的試探，那就是將你的光隱藏在容器內，令你的會眾得不到你的經驗。

14

面對公然的無理指控

為甚麼我看不見這事即將發生？

親愛的馬爾：

我仍然在想你昨晚在電話裏說的話。在你打電話前，你母親已給了我預警，雖然如此，我仍然沒有預備會聽到那些細節。昨晚你問我一個問題，我希望我現在可以於日光之下更全面地思想。「為甚麼我看不見這事即將發生？」真是一個好問題。你似乎總是能夠提出非常好的問題。對那問題，我可能有些答案，但要去到我的答案之前，我需要稍為將我的思想說出來。

我得承認格里姆斯比先生的行動令我驚訝。我知道他很努力游說聘牧委員會聘請他的姪兒擔任你現在的職位。我以為他認識你後，他的誹謗和投訴會平息。最糟的情況又會如何？我以為他可能會離開你的教會。我沒有預計他會做他所做的事。

我真的不能想像，有人在主日崇拜提出代禱要求的時間裏，站起來假裝要求「為教會的將來」祈禱（我沒有弄錯嗎？），卻讀出針對一個牧師的一連串「指控」。又及那些指控！「衣著不得體。」（因為你穿剪去褲管的牛仔褲和汗衫去青少年的洗車房。）「涉及不恰當的性活動。」（因為你在未婚妻上你父母的車子前親她的嘴。）「不關心我們孩子的屬靈生命。」（我現已記不起他的理由。）清單上我只記得這些東西。我知道他還提出另外幾個指控。

當然，糾纏於清單上的細節是愚蠢的。正如弗里德曼（Edwin Friedman）經常說，專注於過程，而不是內容！除了提醒我們牧者實際上生活在魚缸裏，我不肯定那些「指控」的細節還有多大用處。但那過程，那「指控」，卻是不同的故事。

我肯定你是對的——大部分會眾都吃了一驚。很可能也感到尷尬。

這種事件在教會中自有它的生滅之時。我記得在我第一間牧養的教會，在一個主日主餐尾聲時，主任牧師和我正在施聖餐給長老，他們站在前排。主任牧師分餅，我分杯，由於他戴著擴音器，每次他說：「這是基督的身體」時，整個教會的人都聽到。我卻沒有戴擴音器，所以我對每個長老說：「這是基督的血」時，只有那個長老和我聽到。聖餐後牧師邀請會眾分享他們的「歡慶和關注」，那跟你們的提出代禱時間十分相似。一位女士站起來說，她認為新的助理牧師對耶穌基督的犧牲那麼鄙視，以致甚至不會說出「這是基督的血」這句話，實在是可恥的。她說了一段時間，要求知道現在神學院教牧者甚麼，令他們否認基督的血的拯救能力。

在她說話時，主任牧師一直站在講壇，他嘗試介入，但她不容許。她說完後，主任牧師盡量溫和地告訴她，我對每一位長老都說了「這是基督的血」，但會眾聽不見，因為我沒有戴擴音器。她是那麼尷尬，以致再沒有到那間教會崇拜；另有一對第一次到訪我們教會的夫婦，他們也沒有再來了。

你說你盡了一切努力聆聽格里姆斯比先生的投訴，你說的一切都不能令他滿意。我真的以為你幾個星期前有點突破。你告訴我那天你們兩人在你辦公室談話，你問他：「我可以做甚麼，作出甚麼改變，令你接受我成為你的牧者嗎？」他回答說：「沒有，我就是不想你成為我的牧者。我想你離開。」你說：「我想成為你的牧者。我會盡一切努力成為你和你家人的好牧者，但我不會離開。上帝呼召我到這間教會。」我以為你的坦白和開放對那關係或許有所幫助。但卻沒有。不過，我認為你嘗試是對的。

多年以前，一位牧師告訴我，其中一件最重要的事情是，找出你面對的是困難還是困境。如果那是困難，會有解決辦法。你面對困難，想通它，解決它，然後繼續。但如果那是困境，你只能盡可能忠心地捱過它。馬爾科姆，你現在面對的是困境。

為甚麼你看不見這事即將發生？或許你根本無法看到它迫近。真的。我們需要思想它，細想它幾次。我們需要確保你儘量從這事中有所學習。但是，或許你不能看到它迫近。

我知道我警告過你，由於你是如此想看其他事物，你會因而看不見眼前的事。昨晚你提醒我，我們談話時，我有幾次告訴你，不要因為現實令人不快樂而無視它。你甚至向我引述馬基雅弗利（Machiavelli），大意是：「面對現實比活在想像的世界中更好。」[44]

是的，我同意你，甚至同意馬基雅弗利（至少這次）。牧者看見發生甚麼事，比因為感情用事、一廂情願、浪漫的觀念或關於人們應該怎樣行動或教會應該怎樣的烏托邦觀念而變得盲目更好。但我不肯定你今次是天真還是只是未加防避。我寧願你為了恩典的緣故而冒險，而不是以安全的方式對待格里姆斯比先生。耶穌似乎想祂的追隨者結合蛇的靈巧和鴿子的純真。[45]

今天，更重要的問題是你現在會做甚麼，這甚至比找出你看不見這事即將發生的原因更為重要。

最近我聽了一堂道，牧師談到布格曼（Walter Brueggemann）怎樣看詩篇。他說布格曼將詩篇分為三類：定向、迷失方向、重新定向。很多人以為布格曼的教導是這樣的。事實上不是。那些類別應是定向、迷失方向和新定向。[46]重新定向和新定向的分別是重要的，它與我們身為牧者怎樣應付危險大有關係。

不能回頭，沒有**重新**定向可以抹去格里姆斯比先生對你的憤怒或他在崇拜的行動。你不能回到「我們以前的情況」。在主日於教會裏所發生的事並不能清除。無論你和教會將來怎樣，無論你和格里姆斯比先生將來怎樣，那都在這事件的另一邊。

我輔導過對彼此說和做了最可怕的事情的夫婦，他們說：「我只想我們好像以前那樣。」但他們不能好像他們以前那樣。已經發生了一些事情，並不能藉由意願消除。

教會經歷這種痛苦時，它將變成羣體的生命的一部分。任何可能的醫治，都在事件的另一邊。正因為這樣，對於有些人談及解決衝突或衝突管理的方法時，彷彿牧者的角色是解決衝突，容許雙方回到他們以前的關係或重新建立現狀，令我感到那麼憂喜參半。我們身為牧者的任務是與人們一起，有時在衝突之中，但總是向前進入上帝的將來，朝向新的定向，朝向上帝呼召我們的整全生命。這令我想起復活的耶穌有釘十字架的傷痕。祂並非回到被釘十字架前的生命（祂不是復甦）；祂是從死裏復活。而復活的身體，既榮耀又整全，顯示基督經過的衝突的紀錄。

這並不給你權利將自己比作耶穌，或者將格里姆斯比先生比作那些釘耶穌十字架的人。事實上，教會會帶有這衝突的傷痕，那包括你和格里姆斯比先生的。

你說你已經聽過幾位關心你的會友慰問的說話。幾位長老就這情況來探望你。我覺得他們想表達對你的支持。當然這是正面的。你也說你想和格里姆斯比先生接觸，嘗試與他和解。

如果你決定探訪格里姆斯比先生——我認為你想接觸他是值得稱讚的——不要單獨去。這十分重要。帶同一個平信徒，或許是教會其中一位無可指摘、公平見稱的長老同去。你不想落入一個景況：格里姆斯比先生變得憤怒，說你去他的家裏，對他說一些不恰當的事情。即使你好像鴿子一樣無辜，也要盡可能謹慎。

你很可能在未收到這封信前已經接到我的電話。要知道我為你禱告。

15

為病人及家屬祈禱

寧願一起面對禱告未蒙應允的可怕失望，
也不能不將他們的迫切渴望和盼望帶到上帝那裏

親愛的多蘿西：

我不肯定你有沒有留意我在我們這些信中所做的事。或許我太隱晦了——雖然隱晦絕不是我常有的問題。每當你向我徵求意見時，或者正如你說，「徵求關於牧養輔導的專業意見」時，我很大程度上避免用這些用語來回應。我想鼓勵你更廣闊地思想牧者的職事。

我知道你的神學院在教導牧養輔導和治療方面處於領導地位，你有些同學也成了專業治療師。但你身為牧者的職事更廣闊，我不認為治療專業的語言和精神特質必然是最好的資源。同樣，這不是因為我（以任何方式）看不起牧養輔導的專業。相反，幾年前我自己也曾從事私人執業的牧養輔導工作。我想強調的只是呼召你成為牧者的這個呼召的獨特性，以及牧養的呼召會怎樣改變你對幾乎任何事情的看法——包括牧養輔導。

例如：在上一封信，你提到每當你到醫院探訪會友時，你總請求他們允准你為他們禱告。你想尊重他們不讓你替他們禱告的自由。你也提到你為羅絲太太(Mrs. Rose)禱告時，你感到你不能要求上帝醫治她，因為你剛知道她的癌症已被診斷為不能做手術切除的，醫生並不樂觀。

好吧，我明白你在會友住院時問他們是否想你替他們禱告是正常的禮貌。我也明白院牧探訪陌生人時，想十分清楚自己沒有逾越專業的界限。如果他們有不同信仰，或者根本沒有信仰，大部分住院病人都可能討厭接受屬靈或宗教儀式。但真的，對我來說，我不能想像你在會友患病時探訪他們，**除了**為他們禱告外，還可能是為了甚麼。我探望在醫院的人，他們感到疑惑和沮喪，因為他們的牧者來見他們，與他們傾談、聆聽他們，然後沒有禱告便離開；我不能告訴你這情況有多麼常見。在某意義上，牧養職事是一種「助人的職業」，好像護理和社會工作。但在某意義上，它也是完全不同的事情。聆聽是重要的，我無法數算出自己花了多長時間才學會古老的臨牀牧養教育的格言：「不要只做一點事情，要站在那裏！」但我敢打賭，你的會友除了想你聆聽他們外，至少同樣想你為他們禱告。還有，他們**需要**你為他們禱告。

你可以將禱告想像為一種拉鏈，它結束一次牧養探訪，而不是一次事件，探訪中的一切都源自它。我想你嘗試一件事情。下次你探訪時，在到達後不久隨即問會友是否需要你為他們禱告。細心聆聽他們告訴你甚麼。然後收集那些關注，在禱告中帶到上帝面前。禱告本身是重要的職事。上帝想我們禱告。上帝邀請我們將我們的關注、恐懼和失望帶到祂的施恩寶座前。

我敢打賭，你為他們禱告的那些人，在禱告**後**會預備好更開放自己，那程度會令你驚訝。為甚麼？因為你的嘴唇吐出他們最深的需要和最關注的事情，你可以引領他們進入永活上帝的同在。我在牧養探訪「結束」時禱告，在禱告結束時抬起頭看著病人的面孔，或者我所愛的人的面孔，發覺「**現在**牧養談話即將開始了」！我不能告訴你這樣的情況有多常見。

你說你「說出禱告」時，我得承認我有點驚訝。在神學和屬靈上，說「我禱告」不是比說「我說出禱告」更恰當嗎？或許我太挑剔。我不知道。但我不視禱告為背誦。它們是真實的溝通，雖然往往是正式的，有時是寫下來的。例如：我們以詩篇禱告時，我們實際上是在禱告！

你那番關於羅絲太太的話，也在另一個層面令我感到困擾，我最好也坦白說出來。你說她被診斷出患了不能做手術切除的肺癌，你對祈求她得醫治感到不自在。你表示，在這事上視禱告為一個讓她和家人可以接受這情況的過程，或許是更為屬靈的。

我第一個傾向是告訴你，如果我太太再次患癌，我不會要求你來探望她。好吧，我同意你不想給別人虛假的盼望這個論據。但為甚麼你毫不掙扎便放棄她的健康？如果我太太患了不能做手術切除的癌症，醫生可能不樂觀，但那是他的事。實驗室技術員、磁力共振部門的人、甚至護士，都可能感到沒有理由抱有盼望。但牧者呢？我期望他們也會祈求她康復。或許上帝沒有放棄！當牧者（以及很多其他基督徒）相信他們有責任比上帝更屬靈，而他們假設真正「屬靈」的行動方針，是不做好像為人的身體健康祈求或代求這樣隨俗的事，這實在令我感到奇怪。無論甚麼原因，上帝祝福代求的禱告。上帝邀請我們為自己身體的需要禱告。

當然，禱告有很多種，我同意禱告可以帶領我們接受一些我們寧願避免的事情。是的，有時禱告的功能是改變我們的思想和內心，令它們配合上帝更大的旨意，即使我們不明白為甚麼上帝有那些旨意。我也接受上帝不像我們所想那樣應允每一個禱告。但這並不表示我們不應該求，即使我們所求的有違醫學。

所以，多蘿西，我重複說，如果我太太（就此而論，或者我的一個孩子或任何我愛的人）患了可怕的疾病（但願不會！），前景並不好，你來醫院探我們，要不是祈求病人康復，便完全不要來。身為牧師，我寧願面對由於我們祈求的醫治沒有來到而與會友一起哭泣的可怕失望（你預期這失望和它引致的哀傷是對的），也不會不將他們對得醫治的迫切渴望和盼望帶到上帝那裏。我只想提醒你，哀歎在聖經中扮演的重要角色。

哀歎是信任落空的必然回應。哀歎呼喊：「上帝，我們信任你拯救我們的應許，但我們得不到拯救！祢在哪裏？」

回想偉大的哀慟詩：「耶和華啊，你為甚麼站在遠處？/在患難的時候為甚麼隱藏？」（詩十篇）；「耶和華啊，你忘記我要到幾時呢？要到永遠嗎？／你掩面不顧我要到幾時呢？」（詩十三篇）；「我的上帝，我的上帝！為甚麼離棄我？／為甚麼遠離不救我？不聽我唉哼的言語？」（詩二十二篇）。哀歎質問上帝。呼喊，哀求，責備，懇求。在生命那麼多其他東西溜走時，哀歎要求知道上帝的應許是否真實。哀歎有那麼強的能量、憤怒和哀傷，因為人們十分認真看待上帝的應許。我們哀歎的深度，與我們多肯定上帝愛我們、可以代表我們行動，是直接相關的。

你謹慎是對的。你猶豫是明智的。你對會友潛在的失望所持的敏銳是值得稱讚的。但即使有可能失望、哀傷和心碎，更不要提如果你的會友失望，他們可能會怨恨上帝，但我總希望我的牧者為了我現在能夠想像得到的最好結果而祈求，就是**我所愛的人可以活，我們會一起終老**。如果這個禱告不獲應允，會有足夠的時間哀歎，有足夠的時間接受另一個結果，如果那是上帝的旨意。

人們患病時，我們有很多重要的事情替他們做。我們聆聽他們。我們與他們一起思想。我們與他們一起實行輔導和同理心的牧養藝術。但最重要的是，我們與他們禱告，我們也為他們禱告。我們為他們禱告時，認真看待他們的恐懼和盼望。我想，我們的牧養藝術就是以這樣的方式是拿先斯的貴格利所說的「給靈魂翅膀」。

16

牧者的婚姻失敗

我感到自己像是一個騙子和偽君子

親愛的多蘿西：

那麼，你感到自己好像騙子？

唔，讀了你上一封信後，我感到自己好像一個不敏鋭的蠢老頭**和**騙子。

你寫信給我這個同工，要求我和你一起思想禱告和同情，思想為你的會友提供牧養輔導和愛心支持。你只是嘗試好好地走，在痛苦中堅持下去，在你的婚姻失敗時，身為牧者，繼續努力苦幹——而我做的只是給你建議和（更糟的是）責罵你。

很對不起，我實在不敏鋭、無知，雖然我從字裏行間發現問題，卻沒有問關於你和法蘭克（Frank）的事。但願我更敏鋭和體諒便好了！現在回看你最近的信件，我看到你一直給我提示，我只是沒有留意你流下的眼淚。

你問我曾否感到好像騙子。有，實在太多時候。事實上，我現在就有這種感覺。不，我不單是謙虛，我肯定不單是想令你感到好過些。

結婚三十五年是很長的時間。正如你說，法蘭克「要結束」，令我感到很憂愁。是的，我可以想像你所說的「欺騙的感覺，清醒地和一對訂了婚、準備結婚的年輕人思想婚姻的意義」，而正當這時，法蘭克卻在家收拾他的東西。我可以想像那是多麼使人不安，雖然我未曾有過你現在的經歷。

我認為世上沒有一位牧者（如果他們誠實的話）是從沒有任何時候感到自己像是騙子或偽君子的。我們是人。按立並沒有令我們免除這種事！這不是油滑的藉口。那是純粹和簡單的承認，雖然作為人沒有多少純粹，也完全不簡單。巴科斯特在《改革派牧師》的序言勸那些看他的書的平信徒讀者：「不要對你的牧師有任何不相稱的思想，因為我們在這裏承認我們的罪……你知道上帝安排來引導教會的是人而不是天使，你知道我們是不完美的人。」[47]

你問我你應否停止以牧者身分提供婚姻輔導，你應否停止主持婚禮。

你真的是這個意思嗎？我這是愚蠢的問題。你對不再執行這些職務當然是認真的。你感到自己很失敗。由於你的婚姻以離婚告終，很多人會說你應該儘量遠離婚姻和家庭輔導。也有些人會說你必須完全離開牧養職事。但我認識的一些最偉大的牧師，他們是飽嘗失敗的人，他們將自己從自己的破碎、無助、失敗所學到的一切，並自己的資源用盡時遇到的救贖，帶到他們的事奉。我所說的是：我認為你完全有理由繼續你蒙召的職事，而這包括婚姻和家庭輔導。我不是輕率地這樣說。我也會說，你繼續回應這呼召時，你應該確保你與善良、誠實的同工交談，並有你屬靈導師的輔導，加上一個好的治療師。在這些日子，你需要你能夠找到的一切幫助，去誠實和深入地處理這深刻的損失經驗。但我也相信，即使是這可怕經驗，最終也可以在上帝的幫助下，為你和你的會眾結出果子。

我發現盧雲（Henri Nouwen）那「負傷的治療者」的比喻往往遭人拙劣地運用，有些牧者不是負傷的治療者，而是負傷的施虐者。不過，我仍然相信盧雲的比喻是貼切和真實的。對自己的資源最感懷疑的牧者，有時是最能夠關心和明白別人的。最滿載自己的「成功」的牧者最不能夠照顧破碎的人。

我們愛、仰慕和服事的上帝，不單是給予第二次機會的上帝。我們主耶穌基督的主和父是有七十個七次機會的上帝。下次你聆聽一對夫婦以他們的「愛」彼此折磨和虐待時，下次你應邀鼓勵因為朋友死去或與配偶離婚而孤單哀傷的人時，下次你在崇拜中站起來宣告：「奉耶穌基督的名，你得到赦免」時，你接受的恩典，對你來說，會更真更活。

或許我太早說這一切，在你需要朋友聆聽時卻在賣弄大道理。但讓我再回應你信中的另一件事吧。那是一種語調多於你說的任何特定事情。我甚至不知道甚麼驅使我回應，但那就是這樣：現在很容易充滿自我懷疑、自憐、自我鄙視和自責（任何婚姻的死亡，其消逝都會被很多責備所圍繞；畢竟，跳舞需要有兩個人）。我在你的信中找到這四種感受。

對某些人來說，他們更容易落入這些自我破壞的試探，而不是屈服於憎恨、自義的憤怒，不為自己的行動負責，以及將每一個失敗都歸咎於對方的自欺。你會容許我提醒你一個我在今年大齋節開始時會與教會一起作的禱告嗎？

> 慈愛和信實的上帝：對於祢應許祢不憎恨祢所造的一切，我們懷有信心，即使祢所造的完全不能趕上祢對它原本的意圖；我們知道，祢願意赦免我們，更甚於我們願意在感激和悔罪中接受祢的赦免，雖然我們也知道惟獨祢的赦免令我們可以認罪和回到祢身邊。上帝啊，求祢在我們裏面放置一個新心，讓我們可以記得，而且永遠不會忘記：惟獨我們的驕傲令我們以為我們製造的任何罪比祢的恩典更有能力，或者我們可以做一些事情令我們與祢的愛隔絕。當他們以自己不能做的一切圍繞自己時，沒有人能及得上這樣的全然孤單。但只要他們記得忠心的同伴是完全由蒙赦免的罪人組成，便沒有人再會完全孤單。奉使我們有新生命的基督之名：阿們。

認得這個禱告嗎？你應該認得的。那是你去年在思想《公禱書》（*Book of Common Prayer*）的禱告時，為聖灰星期三而寫的禱告。你在一封給我的信中與我分享。

我會為你禱告。我也會為法蘭克禱告。

17

如何著手改變會眾的視角

尊重他們，以及建立刺激人們學習的環境

親愛的蘇珊：

你可能是對的。我對多元主義和寬容所說的話可能有點理論化，雖然我不想輕看好的理論。

幾年前我聽了一個天體物理學家在一間大學的系列演講。他為理論物理學辯護。他界定理論是形容現實怎樣運作的模式。他說沒有模式是完美的，但有些模式是有用的。例如：他和美國國家航空和航天局的其他科學家，嘗試推斷火箭的軌迹時，他們不用愛因斯坦（Einstein）的相對論或量子物理學或混沌或弦理論。雖然他們知道所有這些理論模式都在最深奧的層面比牛頓的物理學更能夠解釋宇宙，但牛頓仍然提供最有用的理論解釋，將火箭送到月球和返回地球。

我將他的思想應用到教會和神學的世界時，它幫助我明白，理論和實踐之間的辯論是轉移注意力的東西。所以，我會提出，在處理教會和社會的棘手問題（而怎樣忠心地解釋

多元主義肯定是我們這個時代其中一個最棘手的問題)時，最實用的事情有時可能是好的理論。我想，我身為牧師嘗試做的是找出忠心而可行地描述現實的方法，因此在上一封信寫下我那關於寬容的思想。

雖然這樣，或許我需要令整件事稍為切合現實一點，特別是考慮到你的問題：「身為牧者，我從哪裏開始？」

我是從這裏開始的：我盡我所能以恩典、憐憫、接待和尊重對待其他人。這表示我想給其他人的基本禮貌：聆聽他們、認真看待他們。聖經提醒我們用愛心說誠實話——那是重要的。但我們身為基督徒，也要用愛心聆聽誠實話。無論我們最終是否同意他們所說的，尊重地聆聽別人，是就我所知很好的第一步。緊張、有可能產生衝突的情況，我發覺十之八九都可以單藉著聆聽別人的角度和關注而減低，甚至得以解決。這不一定表示同意他們。藉著聆聽，你所說的是：「無論我是否同意你，我都會認真看待你。我尊重你。我會聆聽你所說的話。」

我們畢竟是按上帝父、子、聖靈的形象受造。那表示我們藉著將基督的恩典和上帝的靈的愛給予別人，至少部分地反映和尊重上帝的性情，因為這樣做是參與父和子在祂們神聖的團契中分享的永恆生命和愛。諾域治的茱莉安熱切地談及我們主人基督耶穌的「禮貌」。[48] 我們也蒙召反映基督的謙恭，因為那謙恭就是上帝的生命，也就是聖靈。

第二步同樣重要。我假設任何事情的真理免不了比我個人的視角和經驗更大和更複雜。我身為牧師必須記得這點，因為我在屬主的世界裏的整個社會處境下領導一個信仰羣體。記得《你的神太渺小了》(*Your God Is Too Small*)這本書嗎?我的信心、我對上帝的理解,是所有關於信仰的事情最終的定案時,當我想到這裏時,我需要記得,上帝比我對上帝的觀念大得多,生命比我的經驗大得多。我總能夠向別人學習。所以我想聆聽,不單為了傳達同情,也為了發現更大的視角,或許是另一個視角,或許甚至是與我的視角有衝突的視角,假設我細小的世界可以擴展一點。

你提出你的問題的方式,顯示你想知道,我是怎樣改變別人對此的視角的,我可能會怎樣嘗試擴展他們的觀點,或者令他們更接納與他們意見不同的人。首先,我想對自己誠實得足以承認,我對別人的行為或態度沒有甚麼(甚至完全沒有)控制能力。我想確保我對自己的行動負責,我以尊重對待其他人,但我不嘗試改變他們。但那仍然並非真的誠實,對嗎?我確實想影響別人的行為和態度。我當然希望以言語和行為,在上帝吸引人進入上帝創造我們的生命之中,扮演某個角色。我想相信我可以幫助別人更仁慈和更慷慨地行動,對別人更開放、殷勤和寬容。但即使這個動機,也以另一條路帶我回去,為自己的行動負責。關於「寬容」,我講的最好、最有效的道,是我以生命講的:在教會、社區和以外尊重那些我不同意的人。

牧者或主日學老師談及恩典的重要性,然後他們不尊重那些跟他們的神學或社會或政治觀點不盡相同的人,從而與自己「教導」的一切有衝突,這樣的事情我們聽過多少次了?

我這樣做的次數比我願意承認的更多！我們活出的講章，有時令人們不可能聆聽我們說出的講章。

我有時也——我希望是合適地——藉著建立可以挑戰人們的假設的學習環境，從而**顛覆地**鼓勵尊重別人和容忍不同的視角。我會急於補充說，無論我多麼具顛覆性，我希望我不是具操控性地行動，而是尊重那些我嘗試教導的人。讓我給你一個例子吧。

很多年以前，在我早期牧養的一間教會，我與年青人一起同工，發展一個「計劃了的饑荒」。我不知道你有沒有做過這樣的事情，但它們可以是十分有趣的，也是很好的教育工具。我們有一個青少年的退修會，特別是要明白世界的飢餓問題，探討我們身為基督徒應該怎樣回應。其中一個最活躍的青少年的父親，在退修前幾個星期將我拉到一旁，說他在哲學上反對他將之稱為「你的政治議程」的東西。他說基督教會不應該將信仰和社會事務混淆，如果人們飢餓，那通常是因為他們作了壞的選擇，「行善的人」介入只會令事情更糟，令窮人和飢餓的人更倚賴「救濟」。

那青少年和我計劃退修時，我想到不單可以利用退修來作為青少年的教育活動。我想它也觸及他們父母的生命。於是我去找這個父親——我們已經建立了親密的友誼（他和他太太是我孩子的教父母）——我要求他成為計劃饑荒退修的其中一位教師。他說他不相信我在這退修中所做的事情，我不應該要他加入。我告訴他我仍然想他參與，我想他細心研究那個主題，從聖經和神學思想那問題，如果他經過禱告和認真地研究世界飢餓的問題後，仍然不相信基督徒應該參與這種事情，我會尊重他的觀點，想他按他所領受的教導青少年。他接受我的建議。

經過幾個星期懷著禱告的研究後，他在退修會向青少年作報告。他讀了三本關於世界飢餓問題的書籍，細心研究了聖經，他眼中含著淚告訴青少年，包括他十多歲的兒子，他的心改變了。他說：「我愛我的孩子，是言語不可能形容的，我願意為他們做任何事。我看著這些飢餓的孩子，讀著他們的故事時，突然想到，我身為基督徒和父親，這些孩子對我有要求。他們好像我的孩子一樣，是屬於上帝的。我要找方法給他們食物，照顧他們。」

有時具顛覆性是有效的。我相信這個人的信心比他自己知道的更大和更深得多。他感到我尊重他，而接受那機會。我想很多人都會那樣做——雖然肯定不是所有人。

我記得多年前讀過普士文（Neil Postman）和魏因加特納（Charles Weingartner）的《教學作為顛覆性活動》（*Teaching as a Subversive Activity*）。那是一本經典的教育文本。根據兩位作者，教導其中一種最有效方法，往往是藉著提出困難，建立刺激人們學習的環境。[49]這就是我對那個父親所做的事。我知道如果他能夠讓自己感受世界上那些飢餓的兒童的苦難，這個介入他生命的新的實在，會為他帶來一個他不能否認的困難。他是善良、慈愛和忠誠的父親。一旦「世界的飢餓」在孩子（好像他自己的孩子一樣的孩子）的臉孔上出現，他便會改變主意，他的信心也會增加。你明白我的意思嗎？

我渴望知道你認為這是否夠「實際」，雖然我清楚知道，每當我「實際」以特定的方式行動，我都是根據某種理論或模式而行動，無論那是源自當代的研究或過去的基督徒的智慧。我的行動也可以擴展和深化我的「理論」。那實際是一個循環。由不同理論模式的反思性知識而來的實踐，在經驗的洪爐中經過試驗，令我們在理論層面更深刻地反省，令我們再次實踐，同時又留意新的洞見和理解。信仰和職事的實踐就好像舞蹈。我們一直轉下去，批判地活出、禱告和反思我們所做的事時，有潛力變得愈來愈聰明。

18

閱讀刺激你思考的作者的書籍

講道反映你身為牧者的信仰和實踐，以及你身為讀者的想像

親愛的保羅：

請容許我抗拒你的要求。按你的要求去做是誘人(「誘人」是合適的詞語)的——給你列出我認為你應該閱讀的書籍清單。(事實上，我在上一封信幾乎不經意地這樣做。)我說那是誘人的，因為我認為如果你容許我對你這樣做，會是相當差的事情！

每年不同書店、報章和雜誌都列出全年最佳書籍。有些甚至這樣宣傳：「最佳小說」、「最佳非小說」、「最佳神學書籍」。畢德生建議的書籍足足組成一本書，可以成為神學書庫的基本核心。那全是偉大的書籍，所有這些清單所提議的書籍，全都是我愛讀的。我承認我喜歡書單，我裏面現在有股衝動，要寫出我認為你應該閱讀的書籍清單。我最喜歡的清單，由《紐約時報》(*New York Times*)在多年前編寫的，我現在仍然保存著一份，那就是：一些以學院和大學校園為

背景的小說。我讀過清單中大部分書籍，而且大都教我非常喜歡。

不過，你問我：「你可以列出我要成為更好的講員應該閱讀的書籍清單嗎？」我感到我必須抗拒，至少應該稍為這樣做。讓我提議另一個策略。不是由我提議我讀過的書——那會是我知識漫步的地圖——而是你讀一些刺激你思考的作者，例如畢德生的牧養研究著作和漢森的小說，跟隨他們的帶領，進入他們的思想源頭，看甚麼模塑他們。

例如：不是跟隨畢德生的清單，而是閱讀他的《建造生命的牧養真諦》(*Working the Angles*)，留意每一章的註腳（那本書有很多很好的註腳），那是他閱讀和引述的書籍。你會找到他提到赫舍爾，他是二十世紀其中一個最偉大的靈魂和學者。你也會找到霍普金斯這位十分有深度和力量的詩人，還有奧康納，我已經提過的南方大作家，以及聖安波羅修、巴特和魯益師。我認為這種閱讀取向是採礦，跟隨貫穿著作的高山的金絲帶而行。一條路通向另一條路，你接著可以挖掘魯益師，看麥克唐納（George Macdonald）和切斯特頓甚至好像柏拉圖（Plato）這樣的古典作家和很多其他作家怎樣模塑他的思想，一直**向上和進深走**，跟隨珍貴的礦藏，穿越書目和歷史來源，接觸那些模塑你所欣賞的作家的、最聰明、最好和最深刻的頭腦，讓你的理解隨之而增長。

你明白我鼓勵你做甚麼嗎？我完全不介意與你分享一兩本書，告訴你我從它們中學到多麼多。朋友應該彼此提議一些書籍，分享這些書給他們的偉大和重要觀念。但我不想奪去你發現你自己與書籍的關係的獨特經驗，那反映你自己的興趣和經驗，挑戰你和容許你以我不能想像的方式成長。我也會警告你不要落入真正致命的傾向，感到一定要閱讀「潮流」書籍，同時又忽略了自己內心的獨特傾向和興趣（魯益師在《地獄來鴻》〔*Screwtape Letters*〕中談及這種傾向）。換句話說，有一種閱讀與耶穌那時的一些法利賽人所實踐的敬虔相似——閱讀只是為了讓人「看見」。最好的閱讀習慣就像最好的禱告習慣。我們閱讀和禱告不是為了令人們因為我們的敬虔或追上潮流而「印象深刻」，而是因為閱讀和禱告本身是好的，是團契、喜樂和培育的來源。

事實上，在最佳的情況下，閱讀和進食十分相似。你當然會養成壞習慣，正如有充滿脂肪、無營養的卡路里、沒有真正營養的垃圾食物一樣，世上也有垃圾閱讀。但如果你真的接觸你的思想和內心（以及你會眾的需要），你應該相信你的思想和內心會告訴你，你需要甚麼飲食。有時我的身體告訴我，我需要更多新鮮蔬菜，我知道是因為當時沒有甚麼比一大碗波士頓生菜、青椒、西紅柿和胡蘿蔔能令我覺得更好。有時似乎傳記或流行小說或古典戲劇是我惟一想要閱讀的東西。

我很想看到你的講道怎樣反映你身為牧者的信仰和實踐，以及你身為讀者的想像，並兩者那富創意的交往。最好的講道，在講員的閱讀自然（和樸實無華）地滲入他們自己的講道時產生。最好的講員不會炫耀文學引文，藉以給聽眾留下深刻的印象（正如他們不會炫耀希臘文或希伯來文詞組，提醒聽眾他們懂得翻譯聖經的原文一樣）。但他們看到，托爾斯泰關於快樂和不快樂的家庭的觀察，盛載著與亞伯拉罕獻以撒有關的故事——以最深刻的人類憐憫傳達一個神聖故事。每個偉大講員都有一點詩人的氣質。但詩人好像講員一樣，都必須建立自己的聲音，如果他們要由平庸變為偉大的話。

現在讓我回應你對赫伯特的視角的辯護吧。他說神聖的生命就是牧者的圖書館。你認為這是一針見血。你引述那段普魯斯特的文字給我深刻的印象（他自己喜歡閱讀，也十分精於閱讀）：「閱讀在屬靈生命的門檻；它可以引導我們進入屬靈生命；但不構成屬靈生命。」[50]你是頗為對的。普魯斯特**確實**非常正確地強調了赫伯特的觀點，雖然他也將論證擴展到我認為赫伯特沒有想過的領域。他說當我們閱讀一本書時，可以稱為作者的「結論」的東西，其實是讀者的「刺激」。普魯斯特寫道：「我們十分強烈地感到我們自己的智慧在作者離開之處開始，我們想他提供給我們答案時，但他能夠做的，只是給我們渴望……那就是閱讀的價值，也是它的不足。」[51]正如你說，赫伯特可能只是提醒我們，閱讀的目的不在於閱讀本身，而在於我們被「刺激」去過的生活的質素，也就是「神聖的生命」。閱讀站在門檻的部分智慧和靈性，與你的獨特性、你的人類不可取代性（你怎樣「接受」事物，以及你怎樣處置你聽到和學到的東西）有關，而這建基於上帝給你的恩賜和經驗的結合，又再轉化到你的職事去。我很高興你享受德博頓（De Botton）關於普魯斯特的書，覺得它「刺激」又富洞見。

你有沒有收到我寄給你，朗的《講道的見證》(*Witness of Preaching*)? 你說你從沒有讀過這本書時(我仍然因此感到驚訝！)，我立即知道應該送甚麼生日禮物給你。

祝你生日快樂！

19

燃起講壇之火

講員與講道的吸引力和危機所在

親愛的保羅：

謝謝你以這樣幽默的態度對待我的拒絕。你是對的。我確實用了一整封信說明我對你應該閱讀甚麼的議程，然後才寄另一封信給你，告訴你怎樣閱讀。全都以沒有指導性作為偽裝，鼓勵你跟隨自己的直覺。是的，我從沒有承諾要一致，雖然我對自己的偽裝被你完全看透感到有點驚訝。如果你是牧者，你需要喜歡反諷；如果你是好意的牧養關顧的受害人，便更需要這樣。

你所說的話，關於你身為牧者面對繁重的要求，包括期望你的講道會吸引和留住會友，我是非常察覺的，這也叫我十分苦惱。在鼓勵人們好像購物一樣選擇教會，從一間教會跳到另一間教會的消費主義心態的社會中，令人們留在自己教會的聯繫十分薄弱。

最近，一位在太平洋西北部一間大教會任職主任牧師的朋友，向我表達他的關注，所說的幾乎和你完全一樣。他說一部分的他樂意迎向競爭的挑戰。他喜歡他和他的職員感到的那種由競爭帶來的推動力。它令他們建立的教會節目是那麼吸引，以致人們想在主日從牀上起來，或者從家裏出來或離開辦公室，參加教會的節目。當他想到他的教會可以誘使人們離開自己的教會，去到他的教會時，他內心有一些地方「感到激動」。

他提出，(在某層面)可以將這種競爭的感覺視為「健康」的。畢竟，它驅使他和他的職員成就更多，產生愈來愈好的節目。它特別影響他們的講道。他用自己的話重新表達其中一位「講壇的王子」(可能是司布真？)所說的話：**如果你在講壇燃起火燄，人們會從老遠走來看它燃燒**。他每個主日就是嘗試這樣做——令他的講壇燃燒。對撰寫觸及會眾心靈和頭腦的講章，與他們一起回到家裏、去到工作地點和學校的講章，他感到相當自豪。

但他經常感到自己像是抓著老虎尾巴，如果他放手，老虎便會轉過來吞吃他。他感到自己身為受歡迎的講員而受到束縛，懷疑自己的講道是否在他渴望「吸引」別人中失去了某些東西。事實上，他承認感情用事經常勝過聖經經文清晰的信息；思想的閃現和幽默以及因他會友的生活方式而沾沾自喜，令他重新安排自己的講章，令它們更受歡迎，有時甚至損害福音。

尼布爾曾經說過：「我是講員，我喜歡講道。」尼布爾從沒有停止講道，從沒有停止喜歡講道。他在講壇的舉止顯示，他對感動、啟發和挑戰人們，在他的修辭技巧升騰時，將他們放在自己的掌心中，因而感到自豪。每個偉大的講員都有點這種自豪，渴望俘擄聽眾。但每個偉大講員都知道這有多危險。如果你為掌聲而活，你可能因掌聲而死。或許那鼓掌包括更多的聽眾嚷著要聽你講道，迫使你娛樂他們而不是培育他們。或者不斷增加的預算奉承你，引誘你將信息摻水稀釋。或許是大集團的行政總裁讚賞你，他為到自己終於找到一個能夠精彩地講述故事而又「不太好管閒事」的講員而高興。

我神學院的一位教授，在一個關於第八世紀的以色列先知的課程中指出，任何時代的執政及掌權的在嘗試收買講員，令講員不講福音的全部真理時，都會真誠稱讚講員。他說：「你們知道嗎？在猶大，如果先知只是嚴肅地宣講我們有責任在聖殿獻上合適的祭，但避免提到我們有責任行公義，好憐憫，照顧孤兒寡婦，每天謙卑地與我們的上帝同行。掌權的每年都會給他們提供一隻新騾子，包括鞍子在內。」我的教授挨在講桌上，向全班眨一眨眼說：「當然，騾子有各種形狀，如果你蒙召傳講的是福音，但卻滿足於一隻騾子，你便是笨驢了。」

不過，通常有些更隱晦的事情在發生，而不是有些人運用明目張膽的方法令講員閉口或控制他們。令我們忍著不說話的，往往是我們對會眾的愛。再一次，尼布爾觀察到這點。他看到我們走在剃刀邊緣，我們恰當地愛會眾時尤其危險，因為大部分時間，我們都必須吸引人們進入公義。我們必須與他們一起走，和他們一起聆聽福音，幫助他們看到福音為我們所有人打開的新現實。換句話說，熱誠的語言比譴責的語言更適合牧者的講道。多倫斯總是説，福音是用暗示而不是命令語調寫成的；我總相信，牧者模仿福音的取向，以暗示而不是命令方式講道，會更有説服力。正如尼布爾説：「熱誠的語言總有變得柔弱的危險；但卻是可能避開這陷阱，又不致落入廉價的責罵這種習慣之中。」[52]

當然，回到我來自西北部的朋友提出的問題，令我們的教會盡可能吸引，吸引人們進入其中的團契，以到損害講壇的正直，可能只是出於我們的慾望所致。我感到教會在數字上的增長，必須是良好的講道和崇拜、基督教教育和宣教的偉大和了不起的**次要**結果，而不是主要目標。教會增長不是沒有意圖的後果。它是人們熱切渴望的。但如果它變成主要的目標，我們太容易為了它而有太多犧牲。

我希望我的講道是有趣、刺激人思考、富挑戰性和吸引的，也是忠於上帝的道的。青年生命組織的創辦人曾經説過，令青少年沉悶是罪。我對講道和所有會眾，總有同樣感覺。令教會沉悶是罪。講道可以是很多東西，但如果它忠於耶穌基督的福音，它永遠都不應該沉悶。

幾天前我看自己的書庫，檢視我收藏的講道集。我收藏講道集已經超過三十五年，由范特（Clyde Fant）和平松（William Pinson）的多卷本的《二千年的偉大講道》（*Twenty Centuries of Great Preaching*）和鄧恩、索克曼（Ralph Sockman）、巴特里克（George Buttrick）、漢密頓（J. Wallace

Hamilton)和斯圖爾特(James S. Stewart)到更近期由比克納(Frederick Buechner)、奧格爾維(Lloyd Ogilvie)、戈梅斯(Peter Gomes)和泰勒的講道集都有。我看這些和很多很多其他我喜愛和尊敬的講員的講章時,留意到的是他們講道的**適切性**。他們的講道「適切」。它們切合聖經經文、當代時刻、地點、聆聽和閱讀的人。它們沒有迎合大看台而忽略了球員席。**它們適切**。

例如:在一代前,漢密頓於佛羅里達州大膽地試驗接觸沒有上教會的人,他從沒有削弱他往往十分冒險的講章的適切性。它們都符合聖經、措辭大膽、如先知般引人注目、知識廣泛、十分適切人們的生命。在今天,不會有很多教會增長導師會建議漢密頓,講他在南部受困於歧視黑人(Jim Crow)法例那種魔鬼交易的地方所講的道。如果他期望主日早上教會停車場泊滿車輛,他便不會講那種道!但當你讀他其中一篇最有先知色彩的講章時,你便感到人們為甚麼去他那裏。他從老練的聖經智慧的深處說話,十分尊重人類的景況。他跟他的會眾講道理,邀請他們、吸引他們、敦促他們、號召他們到上帝的道那裏。他因為他們認真看待自己和自己的生命,而給他們無數稱讚,向他們說認真的話。

關於喬丹(Clarence Jordan)也可以說同樣的話,他有力的先知聲音,包含人性和幽默,以及對修辭的驚人觸覺。喬丹曾經說過:「有效的講章來自實驗室而不是課室。」[53]但當喬丹剖開一片厚厚的聖經經文時,你幾乎可以聞到經文的芬芳充滿房間,就好像在花園種植的西紅柿成熟時那酸酸甜甜的味道。你感受到他講道的深刻適切性，從他不矯飾但無可否認地富有聖經學術知識（喬丹有新約希臘文博士學位），以及那全然投入需要上帝的先知之道的時間和地點的信仰之心，湧流出來。

我不知道我現在是否明白這點，但我們講道的適切性的一個重要方面，是它的嚴肅性。我不是說偉大的講道不可以也是幽默的。但偉大的講道不會令講員或耶穌基督的福音成為小丑。講道對希臘人來說是愚拙的，但它是**認真的**愚拙，見證上帝在基督的十字架中顯明的能力和智慧，質疑人的能力和智慧。偉大的講道意識到，我們踏上講壇時，一些攸關重要的嚴肅事情。

最近一位朋友寄了一首詩給我。我不知道甚麼啟發他那樣做，但我認為那時間安排是有上帝旨意的。那是一首我已經熟悉和十分喜愛的詩。那首詩來到時，我正準備到國家另一邊的神學院，在崇拜中講道。他們請我按自己選擇的經文講道，但希望我特別去思想基督徒的崇拜這題目。我在飛機上花了很多時間重新思想我預備的講章。結果我將它重寫。

那首詩名叫〈上教堂〉，作者是拉金。它講述一個故事。詩的敍述者走進一間沒有人的教堂。他在想這座建築物發生了甚麼事，想到在遙遠的將來，沒有人再為了教堂興建的目的而使用教堂，到了所有人都忘記那些目的時，這間教堂會變成怎樣。他想到如果好像他那樣的人，走進長久荒廢的教堂，嘗試看看人們在那裏做甚麼的話，又會有甚麼事情發生。站在「地毯和座位和石頭中間，／還有小書，」風琴和

「緊張、過時、不能忽略的安靜，／只有上帝才知道醞釀了多久，」敍述者的結論是，即使不知情的訪客也會辨認出教會建築物是「認真的土地上認真的房屋，」至少這點「永不會變得無用，／因為總會有人感到驚訝／他內裏有一股想要更加認真的渴求，／受這地面吸引下沉，／這地，他曾經聽說，是適合栽植智慧的。」[54]

適切的講道記得它的嚴肅意圖。講員上到講壇，站在聖餐桌前時，有些有實質後果的事情仍有待決定。或許，最有待決定的是講員的靈魂。鄧恩在他的第十三首神聖詩歌中說甚麼？「如果今晚是世界最後一個晚上？靈魂啊，在我心裏記下你會棲居在哪裏。」某意義上，每篇講章都有幾分由想像奇怪的天啟、奇怪的終末所推動：如果在我生命的帳簿中只餘下這篇講章，其他每一個字都被抹去，我的生命有甚麼要說？

或許這聽起來太自負。但我踏進講壇時，我想記得是甚麼（或者是誰）帶我到那裏去。這是嚴肅的事情。

啊，唔，我開始引述鄧恩時，我知道我有點超出自己有限的能力。

20

每個決定都有其屬靈面向

在每天的日常生活中找到健康的節奏而不是一味搏鬥

親愛的馬爾：

實際上，我認為你提出的關注既實際又屬靈。你說你和人事委員會的決定既不完全好，又並非完全邪惡，但那肯定是必須的。

讓我們看看我是否明白所有細節。在你的同意下，教會辭退了一個職員。雖然你和教會多次嘗試幫助他改善，但他的表現仍然欠佳。用你的話說，他的行為由頭到尾都不恰當。每次你這個主管嘗試幫助他辨別自己的問題時，他都表現出防衛，也抗拒你嘗試指示他接受更多訓練。你與他進行督導談話後，他走到教會，挑動好幾位會友的情感，嘗試利用他們支持他去對抗你和教會委員會。雖然你明白需要採取行動，那是你和人事委員會及教會委員會應該做的，但你對辭退他感到很難過。

這是對發生的事情一個公平的總結嗎？

我想如果你不對這事情感到難過，我會在某層面對你感到失望。我會希望你永不會因為任何人的失敗而感到高興。你對別人的憐憫，會令你難以辭退別人。但如果你沒有勇氣將整個教會的利益和需要放在首位，我也同樣會對你感到失望。

那些需要重重地壓在我們牧者的肩頭上。我們身為教會領袖，處於特別的位置，需要看整體而不是部分。這並非表示我們不關心教會每一個個別成員。但卻表示我們必須將整間教會也當為一個活生生的整體，有它本身的完整性。

當然，這不是新事物。聖保羅與這個問題搏鬥，特別是在哥林多教會。我懷疑有沒有牧者不曾與這種問題搏鬥過。

你和教會的領導層作出一個十分艱難的決定。你相信你已經盡了一切努力幫助你的職員成長和進步，但在某個時候，你只能作一抉擇——他不會進步，至少在現時的位置不會。為了教會著想，你採取沒有人喜歡的行動。我的盼望是這行動會「喚醒」他，會幫助他盤算一下，他最終會因為這整件事而成長。我的盼望是他會找到另一個更適合他的恩賜的職位。我的盼望是你也能夠找到人代替他在你教會的事奉。

我覺得你頗為正確地指出，「論斷是危險的事情」。我們的主往往警告我們避免這樣做。但作出判斷是與牧養職事不能分開的。

這對你的靈魂危險嗎？當然危險。

可以避免嗎？我認為不能。

我不知道我有沒有告訴過你，但每個牧者都應該在開始每一天時，以一首悔罪詩作禱告，祈求上帝赦免那天的錯誤、失策、錯處和其他不當。身為牧者，對於看待我們很多決定的屬靈面向，以及因而產生的後果，我們有掉以輕心的危機。要不是這樣，便是我們發覺自己因為害怕犯錯而癱瘓。一位牧師曾經告訴我，每天早上給他勇氣走出門口的惟一事情，是上帝保證赦免我們的罪。過去多年我愈來愈相信這觀點，特別是當我思想，我對自己犯了甚麼罪有多不清楚時。很多次——**實在太多次**——我闖進一個景況，相信自己帶來拯救和醫治，後來卻發現自己帶來大破壞。當然，只有上帝知道我們的心。但也只有上帝知道生命的內蘊——動機和後果的內在真相。正因為這樣，我現在每天以悔罪詩和禱告開始：「上帝，求祢赦免我因為自己所做和沒有做而故意或不知情而犯的罪。」

你明白嗎？我們所做的一切都是屬靈的。這在人事委員會的決定中最真實。我們不單與血肉搏鬥，也與執政及掌權的，天空的屬靈力量搏鬥。

所以，你明白嗎？你提出關於你感到屬靈上筋疲力盡的問題不是沒有關連的。你說你需要「離開那磨難一會兒，恢復自己屬靈上的清醒」；你需要「有機會只是崇拜，而不用帶領崇拜」。兩者都可能是真的。無論如何，你似乎需要休息。我們永遠都不應該忘記，在基督教信仰的根源，是一個聖經觀念：每個人都是單一的人類，是身體、靈魂和精神的統一體。你和我談過要尊重對安息日的需要，深深和定期的休息是屬靈的操練。我現在想重申的觀點是：雖然你很可能需要離開，放一段時間假，令自己轉移注意力等等；但這不能取代你在每天的日常生活中找到健康的節奏，在工作和休息、屬靈更新和付出、吸入和呼出之中。如果我們的呼吸只有呼出沒有吸入，我們很可能在過早這樣做，如果你明白我的意思。不要忘記，在聖經中，在希伯來文和希臘文，用來指靈的詞也兼具呼吸的意思。

雖然我們都可以藉著參與不是由我們帶領的崇拜而得益，但不要相信那些說「你在帶領時不能崇拜的神」的話。事實不是這樣。事實上，我會提出，牧者是一種特別的人，他們在帶領崇拜時崇拜得最好。即使我有點言過其實，牧者**如果要定期得到培育**，便必須學習在預備講道和崇拜，以及實際講道和帶領崇拜時得到屬靈培育。你讀經時，通常是以講員的眼睛，著眼在講道方面，並不是你屬靈生命的缺點。你帶領崇拜時，專注於「接著會有甚麼事情發生」，那是你很多會友都沒有的專注，這並不是你屬靈生命的缺點。崇拜基本上是一種工作、一種服事，是我們虧欠一位無限地值得崇敬的上帝的。崇拜給我們生命，即使我們帶領它至筋疲力盡，疲倦到了極點，正如我們有時在主日的情況。

你現在需要休息——屬靈休息、精神休息和身體休息——我想你確保你更好地照顧自己。你太長時間沒有休假了。但不要將自己的筋疲力盡，甚至是你屬靈的筋疲力盡，歸咎於牧者身分，或你不能以平信徒那種方式取得屬靈培育。你不是平信徒。你是牧者。而奇怪的是，上帝在我們的召命中，加入了每天得到培育的奇妙方法，這些方法不要求我們躲到退修中心退休。每天我們都可以也必須禱告。每天我們都可以也應該讀聖經。詩篇是我們的手肘，聖徒的見證站在我們的書架和牀頭櫃上，準備鼓勵我們，即使是在最艱難的日子。每個星期日基督都在主日再次復活到新生命中，我們藉著上帝的靈的能力和祂一起復活。我站在那一切中，包括講道、主持主餐、洗禮、歡迎、差遣、在整個崇拜中、在崇拜週刊的提示中，聆聽上帝永恆的道和聖靈的微聲。

開始擔任牧者的人在帶領崇拜時感到被懾服，這並非罕見之事。如果你大部分時間在掙扎著學習和記得自己需要做甚麼，但我卻告訴你，你在星期日會感到得到培育，這實在是愚不可及的舉措。剛開始的時候，音樂家必須學習，直至足以經過「彈奏音符」的階段，才能夠「彈奏音樂」。但隨著時間過去，偉大的音樂家會得到他們彈奏的音樂餵養。牧者和崇拜也是一樣。

帶領崇拜的人可以同時崇拜上帝嗎？是的，他們可以。

事實上，成了牧師三十年後，我需要說，我帶領崇拜時，比我參加別人帶領的崇拜時更能好好崇拜上帝，也專注和積極得多。每個星期我都因為上帝怎樣在我帶領的崇拜中向我說話而驚訝。雖然有時我離開崇拜時感到疲倦，但卻很少感到空虛。身為牧師，我的屬靈生命建基於我帶領的會眾的崇拜。我參與的所有其他屬靈操練，都指向這會眾的聚集，我藉著講道和他們一起聆聽上帝的道。

我回頭看這封信時，發現我給人的印象是，崇拜的目的是培育我們，或者「填滿我們」。幾年前我對另一位牧師說，我那天「需要」崇拜，因為我感到靈性十分空虛。他頗為嚴厲地糾正我說，崇拜的目的不是令我感到更好。崇拜本身就是目的。我們得到培育和恢復活力只是副產品，那是次要的好處，不是我們崇拜的終極目標。他的話令我感到受到懲戒，我仍然有點感到刺痛。我想他基本上是對的，雖然我會補充說，那些次要的好處是很好的，從人的角度看，它們十分重要。

21

就牧養職事而作的神學反思

不單是找出相關教義，而是建立所行和所說的一切

親愛的吉姆：

在我處理你關於在教會「籌款」的那個問題前，讓我先稍為回到你關於神學反省所說的話。你說在神學院的實習期間，你的督導牧師要求你從神學角度反思你的事奉。我不知道是你還是那位牧師認為，神學反省表示你需要在每個事奉的個案研究中，發現那是關乎甚麼「神學教義」，但我覺得這個觀念很奇怪。在最低限度來說，這樣做只是一個開始。

神學反思就是尋求理解：在任何特定處境中，我們的生命與上帝的關係，究竟有甚麼意思。我們信任上帝和我們主耶穌基督的父是甚麼意思？我們愛和崇拜和事奉這位配得無限尊崇的上帝是甚麼意思？神學反思要求我們，在我們活出的生命中，跟隨這脈絡，提出各種問題。

例如：年青母親突然死於癌症，遺下兩個孩子。在這悲劇中，可以在哪裏找到上帝？

教會留意到它的人數不斷下降。教會和它的牧師怎樣回應才最能夠尊崇和榮耀上帝？

一對年長的夫婦檢視自己的生命，發覺自己在金錢上得到的祝福，是自己做夢也想不到的。他們的資源可以怎樣表達他們對上帝的感激，以及上帝給他們管家職事的生命？

神學反省體現上帝在我們中間那持續而有時難以辨別的同在，以及讓上帝表面上的缺席合乎情理。它嘗試解釋上帝的恩典和上帝的律法，上帝的審判和上帝的憐憫。我會說，神學反省是牧者平常、必須和不可或缺的工作。

神學反省以某種方式聯繫到教會教義的深刻理解嗎？當然是。

它聯繫到聖經以及我們信仰遺產的認信和信經的必要知識嗎？是的。

但神學反省主要是活生生和動態的活動，我們每時每刻都從事的活動。它要求我們富創意地、具批判性和建設性地與我們信仰的基礎接觸，以及用理性的工具向我們相信和盼望的事情提出艱難的問題，並在感情上樂意這樣行。換句話說，它比單純在牧養談話中找出隱藏的「教義」艱難得多（也有趣得多）。

順帶一提，有時神學反省實際上可能表示發現布魯姆菲爾德先生太太（Mr. and Mrs. Broomfield）婚姻的危機是出於對代贖「教義」的信心不足。布魯姆菲爾德先生可能從來都不能相信上帝可以赦免不可饒恕的人。因此他對待自己和妻子及兒女和周圍每一個人的整個方法，都是嘗試為自己「賺得」救贖，令別人也「賺得」救贖——包括在生命的平常錯失和衝突中饒恕和愛別人的日常救贖。

但發現那問題的根源在於救贖的教義，只是朝神學反省走出最基本的第一步。它引致各種「神學」問題，好像：過去有甚麼事，是以這樣而不是其他方式來模塑布魯姆菲爾德先生的呢？他現在的生命有甚麼事發生令這情況進一步發展？要他放棄「以行為得救」，需要他付上甚麼代價？身為牧者，你怎樣接觸他的心和思想，幫助他在基督裏成長，明白恩典是不能賺得也是不配得的？你怎樣幫助他和家人，醫治幾十年來由「勞動賺取公義的劍」——嘗試賺得上帝和布魯姆菲爾德先生贊同——所造成的傷害？這個家庭開始在屬靈和情感健康上成長時，他們可以怎樣學習適應成長的轉變？恩典好像門徒身分一樣，有它的代價。並非所有恩典的結果都是快樂或令人舒適的，至少在短期內不是。

你明白我的意思嗎？神學反省不是室內遊戲。它是牧者的核心工作（核心的**召命**），它握有帶我們深入永活的上帝與人性（不是抽象的人類，而是**我們的**人性）相遇的核心的應許和威脅。

這樣說後，讓我們回到你在信中提出的問題：在教會籌款。這個問題直接聯繫到神學反省——我們一直在談論的事情。我留意到你思想教會領導的主要方式，源自多年在商業世界的成功。這是你的既定背景。有時你的商業經驗可能是寶貴的，但也有整套不能分開的文化（包括假設價值觀和目標），以及整套辭彙。這是你較早時期的經驗的一部分（代表我們生活在其中的較大社會），但對基督徒事奉的某些方面來說，這不單是陌生的，更甚至可能是對立的。

讓我轉入正題吧。你稱教會的會友為「付出單位」。人不是「付出單位」！你教會的人是男人、女人和兒童。他們是人。按著上帝的形象受造的人。上帝的受造物。藉著上帝在耶穌基督裏仁慈的收養，他們是上帝的兒女。你容許你的語言將上帝創造的奧祕化約得僅剩下經濟用語，是在不認真地幹著一些非常危險的事情！

外面的文化做同樣的事情。在我們的社會，人類——男人、女人和兒童——經常被化約為僅得「消費者」的地位。我不認為我在玩語義學的遊戲。我只是在嘗試運用語言時，在神學和牧養上儘量恰當和負責任。我嘗試使用正確的詞語，在這裏是正確的神學用語。

甚麼處於危險之中？

我們的人性處於危險之中。

如果這還不足夠：**上帝的情性也處於危險之中，因為我們按著三一上帝的形象受造**！我們將上帝的人類形象踐踏在腳下時，亦同時不尊重上帝。

詩人問：「人算甚麼，祢竟顧念他？」這仍然是一個好問題，任何將上帝所造的人類這奧祕化約的答案，都冒著背叛上帝富創意的旨意的危險。

對這個問題，有一些十分壞的答案。人類是甚麼？一本大學程度的教科書描述人類是重要的流動管道系統。我記得另一位作者描述人類是道德實體，致力以最少力量尋求最大的快樂。

赫舍爾曾經指出，在前納粹德國，人們經常說「人類的身體內含：足夠的脂肪，可以用來造幾塊肥皂；足夠的鐵質，可用來做一根中等大小的鐵釘：足夠的磷，可製成二千個火柴頭；足夠的硫磺，用於除去個人的蚤子。」[55] 赫舍爾接著指出，將人在物質上化約為不同的元素，與納粹黨後來的殘暴，兩者之間有甚麼聯繫。我想他是對的。借用魯益師的意象說，那是：將人性化約，引致將人類消滅。

我們若化約上帝所造的人類的奧祕和奇妙，所走的是非常危險的路，即使那條路上的路牌只被視為「教會籌款者的技術性簡稱」，正如你所說。

我記得我其中一位牧師兼導師，他多年前告訴我，共產主義和資本主義都傾向為了他們互相競爭的經濟體系而將我們的人性化約：共產主義將人化約為勞動單位，資本主義將人化約為消費單位。兩者都不明白我們人性的完滿。我不肯定多年前他最初跟我說這話時，我是否明白他的批評。但當我聽到你談及籌款時，我明白甚麼陷入危險之中。如果教會變成只是消費社會的另一個表達，我們可以到哪裏恢復我們的人性？

幾天前，一位牧師告訴我，他與鄰居一次令他為之氣結的談話。他的鄰居是一間大百貨公司的行政人員。鄰居談及過去幾季收入減少，以及他們正在製作的一個新廣告節目。他對那位牧師說：「我肯定你明白我的意思。畢竟，我們都是從事推銷行業。只是你的商品沒有我的商品那樣實質。我們都一直在尋找新顧客。」

那牧師說他嘗試向那人解釋自己不是從事推銷，但卻沒有用。那位牧師告訴我：「我自己不斷在想：『我在一位垂死的婦女牀邊禱告，在醫院黑暗的病房裏，她的家人圍繞在我四周，我知道那不是推銷。我帶領會眾崇拜上帝時，並沒有嘗試向任何人推銷甚麼。與那些仍未聽過耶穌基督的好消息的人談話，見證那好消息並不是推銷。』但一種令人不安的疑惑不斷侵蝕我。我有沒有以為我的會眾是消費者、顧客和客戶，因而倒空了上帝在他們受造和救贖中賜給他們的尊貴，在某程度上犯了這樣的罪呢？」有時只有在我們內心的安靜中，我們才承認自己微妙地墮進我們文化設下的陷阱。

我們似乎難以察覺這一整個思想方式（我們應該稱它為甚麼——商業？消費？企業？）在我們文化中有多乏味和普遍。那是我們在其中游泳的文化之水，是我們雙眼看不見，但卻在我們四周的。這種文化態度（我們可以稱它為「現今這世代的精神」嗎？）將上帝的創造和人類社會的所有方面化約為可供買賣的東西。好像聖保羅描述的執政和掌權的、主宰的無形力量一樣，這種「精神」（我希望我有方法簡單地標籤它！）要求得到崇拜。它要求我們將其他一切的效忠都交給它，甚至是我們對上帝的崇拜。或許我只是在大叫大嚷。但我不認為是這樣。

我在說甚麼？我是否說教會不需要金錢做它所做的事情？不，當然不是！

我是否在表示，如果你為教會推行一個通情達理的籌募資本計劃，或者使用各種籌款技巧，你便是不忠心的牧者？不，我也不是在說這些。

我是在說，基督徒有責任神學地思考教會的生命和職事，關於我們怎樣做和說一**切**，因為我們所做和所說的一切，都必須奉耶穌基督的名，並以與上帝在祂裏面顯明的性情一致的方式來進行。

基督是我們的職事的試金石。我們很容易，實在太容易，不自覺地配合文化的模式，相信一切都是商品，每個人都有一個價錢，而不是向現代這個被瑪門的奴役所束縛的世界提供清晰的另類選擇。

我現在肯定是在大叫大嚷。我只希望這不是毫無助益的叫嚷，而且你仍然想和我談話。

現在我回答你關於與麥克布賴德吃晚飯的問題。是的，我會在那裏。我也期望在那裏見到你。

22

經歷靈魂的黑夜

在靈魂中培養一層硬皮保護自己免受傷害和感動的結果

親愛的羅伯特：

在上星期的會議遇到你實在是一個驚喜！我們一起讀書已經是那麼多年以前的事，實在令人難以置信。我想向你保證，你提出的擔憂，不單在我們遇見後一直在我心裏，也在我每天的禱告中。在基督教教導之中，給我最大安慰的提醒或許是：熟悉我們人性的軟弱，甚至比我們更了解我們自己的基督，祂不斷為我們禱告。我這樣說，是因為隨著每年過去，我更確信我不知道自己需要為甚麼禱告，或者應該為甚麼禱告。同時我又感謝上帝邀請我們禱告，透過祂的聖靈將我們的聲音加到基督的聲音中。我為你禱告時，獻上代禱，祈求你會再接受信仰。我相信我可以懷著信心這樣禱告。但我也明白，結果不在乎我的禱告有多熱誠和頻密，而是在乎上帝自己為你的禱告。我確信禱告製造出來的最大改變，不是我們為之禱告的對象，而是內心和思想的改變——當我們將自己和自己的慾望獻給上帝時，上帝所做的是帶來改變。無論如何，我為你禱告，因為你請我為你代禱。

我希望我們當時可以談得更久。事後我才想到，在我們談話時，你打開了一扇讓我分享我生命中任何疑惑或失去信仰的經驗的大門。我完全忽略了。我們往往在事後才發覺自己應該說甚麼話（我通常都是這樣）。我想我最好寫信跟你訴說我生命中一段黑暗的時刻。

但在我這樣做前，讓我重述一些我在我們談話時曾說過的話。上帝不是售賣機，讓我們投入硬幣，然後得到我們選擇的東西。雖然上帝比任何人的思想都更高超，比任何人的想像都更偉大，神聖、可畏和超越，是存在的一切的創造者，對祂來說超新星只是玩物；但上帝也是位格性的，意思是我們沒有人能夠理解祂。因此，對上帝的認識並不是數學公式所得出的答案。對上帝的信仰也不是。知識和信仰都建基於我們嘗試用「關係」這個詞所表達的實在。但與上帝的關係有本身的範疇。它有點像與別人的關係，但又與這種關係十分不同。我知道你明白這點，你沒有忘掉你的神學學習——至少我知道你在頭腦層面知道。不過，在人心層面，我們卻很難記得，因為我們希望我們與上帝的關係是自動的、總能夠得到的、總能夠辨別的、在我們的思想和感情中是清楚可辨且可以追尋的。不過，上帝控制著這關係，用它作為工具將我們轉化，使我們更像耶穌基督的形象。由於這個目的，黑暗、缺席的感覺、失望、羞辱、孤單和禱告不蒙應允的感覺，都被證明跟光明、喜樂、上帝在附近的感覺、好運、在上帝信仰羣體中心的團契那不可言喻的奇妙，是同樣有效的工具。

因為我們經歷聖十架約翰（Saint John of the Cross）所說的「靈魂的黑夜」，因為我們不能鼓起信心，或跨越揮之不去的疑惑那堆積如山的小困難，因為我們感到自己在宇宙中好像孤身一人，並不表示上帝在那刻沒有與我們建立關係，或者在那刻沒有在我們裏面工作，實現祂對我們的目的。

你明白這點。我知道你明白。我們一起坐在神學院的課室時，你就已明白。事實上，我懷疑你比我更早明白，而且比我掌握得更好。多年以前，你談及有朝一日幫助基督徒處理這些屬靈現實時，情況將會是怎樣的。我們那時有沒有懷疑，我們在信仰中成長時，自己也會經歷這些掙扎？牧者和所有基督徒一樣，都受這些現實影響。某方面來說（我確信是這樣！），牧者甚至**更容易**屈從於這些現實。

某些牧養責任單調且令人提不起勁。對神聖事物的熟悉；與超越的慣性相遇：無論是在垂死的人牀邊，你握著對方的手，在她此生將盡時為她禱告；還是站在講壇上，以人類的話語宣講——透過它，而且往往逆著它——上帝直接向聚集的羣體的內心說出上帝自己的道。我認識一些警察，他們培養了剛硬、憤世疾俗的外在軀殼，保護自己免受他們所看見的人類暴力的可怕悲劇所傷害。以十分相似的方式，牧者可以在靈魂中培養一層硬皮，保護自己免受上帝神聖的愛火的熱力影響。那硬皮可能過分保護他們，令他們感受不到煉淨之火的熱力。但那火當然繼續在燃燒。

有時我們不察覺上帝的同在，這可能只是上帝對我們動工的一個面向。上帝也容許缺席令內心變得更充滿愛。不過，我們往往忘記，由缺席而產生的愛心，也是來自痛苦或破碎的心的愛心。羅伯特，如果我可以這樣說的話，你上星期看起來和聽起來都好像一個在外地行軍已久的軍人，只有模糊的照片令你想起在家裏那親愛的妻子和家人。在與生命的意義和懷疑上帝是否存在的思想搏鬥的苦惱之下，你似乎在受苦，渴望再次在朋友的火爐旁邊取暖，但朋友已經離去那麼久，以致你開始懷疑朋友是否仍然存在。

我說我寫信給你，是要跟你說我的故事，或許我花了太長時間仍未談到這故事。但我一直在跟你說的，是我確信之事，因為我的靈魂曾經過那些深夜。

正如你可能記得，我從神學院畢業後成了一間繁忙的縣城教會——阿伯茨陶納（Abbotstown）第一教會——的牧師。那是美妙而狂熱的。那是我們——我太太和我——生命中其中一些最好的日子。我們有兩個小孩和步伐急促的生活。會眾有很高要求。對社區的義務也很繁重。我需要參加醫院和兒童福利委員會，需要到退伍軍人團體和商會演講。我每星期都在成人主日學和兒童的教義班授課。我負責監督基督教教育和青少年事工的計劃。我講道和帶領崇拜。我這樣工作了八年。

接著我們搬到城市，去到一間大很多的教會重新開始。但這次有專業和事工職員一起同工。外表看來，一切都很完美。外表看來，一切都很好。

我永不會忘記那天。那是星期日，在完成了第二堂崇拜之後。我走進書房，坐下來，看著房間一角那美麗的彩花玻璃，然後我太太進來問我一個問題。她從沒有說出她的問題。她看著我的臉，安靜地坐著等我說話。

我說：「親愛的，你知嗎？我甚麼也不再相信了。甚麼也不。」

她回答說：「我知道。我知道了很多年。」

「我在某處失去了我的信仰。或者我的信仰失去了我。我好像麻木了。好像有人注射了奴佛卡因（novocaine；編按：一種局部麻醉劑）進我的靈魂。我不肯定我是否不相信上帝。我甚至不肯定有沒有上帝可供人相信。我的禱告——如果我禱告的話——好像撞向天花板再反衝下來。」

羅伯特，這樣的事情是怎麼發生的？

我感到自己好像紐曼（John Henry Newman）曾經挖苦的愚蠢牧者，他們的禱告是這樣的：「上帝啊，如果有上帝的話，求你拯救我的靈魂，如果我有靈魂的話。」

我不知道我的屬靈生命乾涸，是不是因為我讓自己成為忙碌的受害人；我是否因為需要做的大量好事而分心，以致忘記了惟一重要的事情。我記得自己閱讀馬利亞和馬大的故事，想到我肯定更像馬大，將時間花在確保晚餐預備好，房子清潔；而不是好像馬利亞那樣，快樂地坐在耶穌腳前，聆聽祂每一句話。

或許好像祁克果描述的，在他那時代由國家撐腰的基督教界裏，那些名義上的基督徒一樣，我接種了劑量剛好的基督教滅活疫苗，以致我的系統可以抵擋那真正的東西。

或許我靈魂的表土並不很深，在那裏生根的信仰不能生存。我總感到撒種的比喻是信仰的典範故事。

或許，我成了我們周圍那個世故和懷疑的世界——在那個所謂現代世界，可以「看見」的比只能夠在講道中「聽到」的更為優先(畢竟，根據聖保羅，信心來自聆聽而不是看見)——的一部分，以致我完全不相信，因為我倚靠眼睛而不是耳朵。

我不確實知道自己怎樣落入那光景。或許我落入那光景，只是因為我將上帝和對上帝的信仰視為理所當然，我的行動彷彿表示上帝是一部售賣機。或者就是這樣。

一旦我去到那景況，或者更準確地說，一旦我發覺自己的景況，我便很可悲。(我喜歡浪子坐在豬場的圖畫，「醒悟過來」; 或許在臭味喚醒我們時，我們才會醒悟過來！)

我累積了幾個星期的進修假期，於是便申請放這幾個星期假。我申請英國北部達勒姆大學(University of Durham)的遊學研討會。那是一個關於莎士比亞的歷史劇的課程。我獨自前往，確保沒有人知道我是牧師。

我沒有預期接著會發生的事。

我到那裏那天，在宿舍打開行李時，聽到有人在哭泣。聲音來自房間外面，在走廊的某處傳來。我去出查看，發現一個年青女子，是一個女傭，她在梯間哭泣。我問她我可否坐在她旁邊，將我的手帕借給她用，聽她講述自己的故事。我真的不能解釋，但我不加思索便邀請她禱告，我們一起禱告。後來我才知道發生了甚麼事。我的召命——上帝給我的召命——出來抓著我，將我拉進去，使我好像基督對我們那樣去對待別人（用你和我在學校學過，經常向對方引用的麥克勞德的話說）。

在接著幾天的莎士比亞課堂，我相當滿足——除了一件事。那裏沒有（我沒有其他方法表達，所以我會說出我當時的想法）……在我們對莎士比亞的思考裏沒有超越的指涉（transcendent reference）。明白我的意思嗎？我們沒有談及在文學或歷史層面以外，莎士比亞是否真實的。在我看來，更重要的一點是，莎士比亞對大圖畫的理解是否正確。我想知道他在《亨利五世》（*Henry V*）中關於人性的罪（普通士兵和君王的罪）所說的話是否真實。但那不是那種課堂。我深深感受得到。我感受到那空無，那空虛，以前稱為「虛空」。或許我感到我人性的心裏那個由上帝製造的洞，是奧古斯丁所說那個只有上帝才能夠填補的洞。

無論如何，那星期稍後我們有一天假期。我去了達勒姆中心的大教堂，不是作為遊客或學生，而是作為代求者。跪下來禱告時，最初我確實感到自己好像紐曼所說的那些愚蠢牧者。「上帝，我甚至不知道祢是否存在，但我們真的需要談一談。」那就是整個經驗的轉捩點。直到那時，我既破碎又可悲，好像一個發燒的人，在牀上扭著牀單掙扎搏鬥。之後我感到愈來愈像個小孩子，蒙著眼但卻知道自己再次回到家裏，由母親的廚房的氣味引導到最完美的地方——我們得到餵養和培育的餐桌。

我的故事有整個陪襯情節是我沒有告訴你的。對這樣做我有點猶豫。因為你可能懷疑我是否清醒。

我選擇達勒姆的遊學研討會，是因為「不知怎的」，我裏面燃起很大的興趣，要研究英國的教會歷史和文學。由於之前幾個月事情的發展，我開始閱讀可敬的比德（Venerable Bede）的《英國教會史》（*History of English Church*）。從表面看來，我閱讀這本書是因為它是英語世界第一本真正的歷史著作，而不是因為它關乎英國最早的教會和聖徒。不過，閱讀比德的書令我閱讀其他盎格魯—撒克遜（Anglo-Saxon）教會歷史，以及英國早期聖徒的著作，我開始對聖庫思伯特（Saint Cuthbert）尤其感到著迷。

在閱讀可敬的比德時，我偶然發現一個歷史學者曾說：比德和其他基督徒比我們更天真，因為他們接受奇迹是事實。我猛然停下，重讀那段文字。我問自己：「他們不是甚至比我們更天真嗎？」比德看來一點也不天真。他相信不可見的上帝在那圍繞他的世界之中工作。他因為基督徒所報告的事情（我們稱為神蹟）而感到驚奇和驚訝，他試驗他們所說的事情，往往相信他們的見證。但他並不天真。我後來才發現，當我發覺基督徒對上帝在我們中間所做的事情，總好像其他人一樣驚訝時，我的缺乏信心開始崩裂。

我提到聖庫思伯特。在到達達勒姆前，我一直都不知道庫思伯特和比德都是葬在達勒姆大教堂（Durham Cathedral）的。那天我跪下禱告時，我的缺乏信心在我周圍崩潰，我不能不相信「如雲彩的見證人」是一羣頗為忙碌的人，他們可能不時介入那些現在在地上行走的人的生命之中。我現在確信比德和庫思伯特在「欺騙」我回到信仰中扮演重要的角色。換句話說，如雲彩的見證人，可能不太是如雲彩，而更是如一直都圍繞著我們的無形的霧。他們與基督一起為我們禱告，正如我今天為你禱告一樣。

麥克唐納曾經說過，由於信心是上帝的恩賜，我們不能自己產生信心，即使自己有信心而別人沒有，但我們也沒有為此而感到驕傲的餘地。對那些沒有信心的人，我們應該有耐性和體諒。畢竟，在某些時候或下一刻，上帝可能將我們的信心拿走，教導我們一些新事物，祂絕對可以這樣做，那時，那隻鞋可能會套到另一隻腳上。

我想給你再多提供一個思考。這次同樣是來自紐曼。他在某處說：「偉大的思想需要寬餘的空間……實際上沒有那麼偉大的思想也需要。」或許，有時上帝似乎離開我們，令我們在這偌大的宇宙中感到十分孤單時，上帝只是給我們一點空間，讓我們重新思想自己在哪裏，自己究竟是誰。這種思想安慰我，令我更因為上帝是誰而滿懷感激。

23

年齡與權威

人生經驗並不會自動變為牧養經驗

親愛的多蘿西：

阿倫特（Hannah Arendt）曾經寫過一篇了不起的文章，名叫〈權威是甚麼？〉（"What Was Authority?"）。你上一封信結束時說的話令我記起她的論據。她說權威實際上是過去的事物。

她可能對，也可能不對。但布恩斯（James MacGregor Burns）說：「權威的教義來到現代時，變得失去生命力、零碎化和瑣碎化。」[56] 卻是對的。

我不認識哪位牧者對於自己可以得到以前幾代的牧者那種程度的權威是滿懷信心的。我不肯定這完全是壞事。但我也會說——這與阿倫特的宣稱相反——大部分會眾都在某些牧養專長範圍內給牧者相當的權威。這並非總是輕鬆、舒適或快樂的擔子，特別是對比較年長才開始擔任牧職的人。

已故的斯龐（Will Spong）經常講述他身為受訓院牧的主

管的經驗。那時是臨牀牧養教育才剛起步。他們想要解決接受臨牀訓練的神學生應該穿甚麼衣服的問題。我知道這聽起來相當庸俗乏味，但後來卻證實是個大問題。那些主管在醫院裏遊目四顧後，決定要院牧學生穿白色的醫生袍。不用幾天，院牧訓練的辦事處便接到很多醫護人員投訴，表示他們的學生能力欠佳。主管拉院牧學生到辦公室，想要找出甚麼地方出了錯，一起仔細研究那些投訴。「他們不知道怎樣做這事！」「他們不能正確地做好那事！」那些投訴既強烈又堅持，指出你可能想像得到的各種失敗。

主管想道：「他們當然未能正確地處理這些事情。他們是學生。」

那時他們便發現問題所在。在醫院，醫生袍傳達那個機構的一種內在權力結構，清楚表示權威、專長和地位的層次。配藥員可以穿白色的短袍，而胸外科醫生則穿白色的長袍。學生穿的袍顯示一種不恰當的權威、專長和地位。學生所要負起的知識和經驗水平的責任，是他們不可能支配控制的。

斯龐解釋說：「我們立即要他們脱去醫生袍，改為要他們穿白襯衫和結深色的領帶。我們也在他們身上掛上名牌，清楚表明他們是『院牧學生』，投訴便停止了。」

牧者的現實也相似。你從神學院畢業，穿上牧師袍、牧師領或任何表示你是「牧師」或「傳道人」的衣服時，人們便會給你某程度的權威。如果你比較年長，即使剛開始擔任牧者，你都很可能被要求擁有更富經驗的牧師的智慧、經驗和專長。

我最近和奧康諾（Granger O'Connor）開玩笑，你提過他在神學院時比你高班。正如你很可能知道，奧康諾從神學院畢業時已經五十歲。他在進神學院前已經在保險界工作了二十多年。我在一個牧師會議中遇見他。他在帶領崇拜。他從高壇走下來，穿著黑色的牧師袍，頭髮斑白。我告訴他，他看起來好像一生都在做這工作。他說：「問題就在這裏。我好像有二十五年當牧師的經驗。我的會眾忘記了我只有兩年經驗，跟站在那邊的奇普（Chip）一樣；不過，因為奇普有張娃娃臉，而且只有二十九歲，看起來好像剛入行。他們沒有給我多少優待。」

當我還是年青的牧師時（我在二十五歲的小小年紀接受按立），生命和事奉都很年青，人們明白這點。直率地說，我牧養的第一間教會的會眾知道我無知，他們給我很多優待。他們視溫柔地（有時也不太溫柔）指導他們的年青牧師明白人生和事奉的方法，為他們事奉的重要部分。今天我仍然十分感激他們。他們在有限的活動範圍中，將他們認為合適的權威交付予我。隨著時間過去，他們給我愈來愈多權威，他們接受我的權威的活動範圍也漸漸擴闊。

你沒有真的得著這份奢侈。你的會眾更快給你權威，你更誠惶誠恐地接過它。有些人給你的職位投以的權威，很可能是他們會給在事奉中更有經驗的人的，他們對你投以不配得的權威，只是因為你比較年長。但你和我都知道，人生經驗並不是自動會變為牧養經驗的，即使你以前也曾處於領袖的位置。如果你出錯（你一定會出錯！），你很可能比年青的人更不利，因為我們視年青人犯錯為理所當然的，反之卻不。

你要求我給你建議。我不肯定自己對此有任何大智慧。不過，我會說，從沒有那麼高的馬爬下來總是比較容易的。明白我的意思嗎？從一開始便讓你的會友知道，**你知道**自己是新手，雖然你看起來像老手。你會受到試探，想去接受他們因為你的年紀而給你的權威。要抗拒這試探。提醒他們，你還有很多東西要學習，而你渴望向他們學習。你犯錯時，不要防衛。接受你需要學習的現實，多謝他們樂意教導你。

關於天使，切斯特頓說的是甚麼呢？他們可以飛，因為他們輕鬆地看待自己。

24

沒有預期的干擾

回應會眾的需要，但不是滿足他們的渴望或要求

親愛的蘇珊：

我忘記了那句牧養格言，直到你在上一封信提起它：「**那些干擾是我們的職事。**」

整體來說，我認為這是真的。

有多少次，我在書房工作時，突然有人敲門（不受歡迎的敲門！），我打開門，發覺自己面對「我的職事」？無論我書桌上的工作可能多麼重要（而那往往是重要的工作），站在門口的人結果向我發出上帝給我的召喚。

不過，你對這格言的反省，都跟它所包含的事實一樣好。你問自己（也引伸而問我）：**有那麼多職事都是回應別人的需要的，我們怎樣保持自己的焦點**？

我會說的第一件事只是：我們應該確保我們是**回應**而不單是**反應**。你明白我這個區分的意思嗎？我最初從一位十分認識弗里德曼（Ed Friedman）版本的家庭系統理論的朋友那

裏聽到這種區分。

反應通常顯示我們的焦慮鏈被拉緊。我們在情緒上被鈎住，不加思索，本能地作出反應。我不加思索地作出反應時，通常結果都不會有甚麼好處。「反應」的情感狀態通常都並不會顯示出很好的事奉——或生命——姿態。

我的第二點有點複雜：我們可以透過服事別人而服事上帝，但我們需要清楚，有時服事別人表示回應他們的需要，但不一定是他們的渴望或他們的要求。這必須動用很多牧養的判斷力，也要對你自己的牧養召命有深刻的理解。有時人們可能以為你是某種教會顧客服務部的主管，要確保他們的屬靈旅程沒有障礙。不過，牧養召命的目標是幫助人們在基督裏的生命趨於成熟。信仰的朝聖旅程一定(也無可避免)有各種地帶，如果陡峭的路可以鍛練肌肉，並通向正確的目的地，牧者為人們開出一條平坦的歧路，並不會帶來任何好處。

我喜歡本仁約翰(John Bunyan)在〈詮釋者之家〉("The House of the Interpreter")中提出的比喻。你記得《天路歷程》(*Pilgrim's Progress*)的那一部分嗎？那聰明的牧師，有點像本仁約翰的詮釋者，**回應**人們的需要，但方法是提升人們在自己屬靈轉化和培育上的投資，並尊重上帝與他們的交往的獨特性。

還有，沒有甚麼是太微小，以致不能被視為屬靈事件的。加爾文曾經指出：「在生命的一切之中，都有著我們與上帝的交往。」[57] 我們和所有受造物都屬於上帝，上帝使用上帝創造的一切去轉化我們更像耶穌基督的形象。良善及忠心的牧者在生命最尋常的時刻工作，他們的雙眼定睛於上帝對我們的永恆目的。正因為這樣，如果我們在牧養上沒有將日常調定，我們很容易錯過有永恆意義的時刻。委員會委派的工作，可以為得救提供場景，正如兩個星期的山頂退修那樣。

最後，我要談一談，在對我們的時間和精力的不同要求中，保持我們的焦點。我最近在飛機上想到這件事。機艙服務員在安全示範中提醒我們，如果我們和小孩一起乘飛機，遇有緊急事故發生，我們應該先自己戴好氧氣罩，**然後**才幫助小孩。我記得我第一次聽到這個勸告時，覺得它頗為自私。你不是應該先幫助別人，特別是如果那人較弱或脆弱嗎？事實上不是這樣！因為如果你嘗試在自己有穩定的氧氣供應前幫助小孩，你可能會暈倒，你和小孩都會有麻煩！

我認識一些牧師，他們遇到那麼多干擾，以致從沒有時間禱告、默想、思想、閱讀聖經或以任何方式照顧自己的屬靈生命。確保自己的靈魂有穩定的氧氣供應，然後才衝去照顧別人的需要，是明智得多的做法。

因此，這是我細緻地分辨職事包含了干擾這句古老格言的方法。我想確保門外那干擾真的是我應該現在應付的職事。換句話說，有些干擾可能不是門外的職事——它們可能只是騷擾。我正在做的工作，可能真的需要得到我注意。有時，我立即回應那干擾；有時我會稍後回應，但不是現在；有時我最終會回應，但不是稍後；有時我根本不會回應。

我們會否過於照顧自己的屬靈需要呢？是的，當然會，如果這表示以靈性和敬虔為掩飾的自我放縱的話。潘霍華特別警告教會，不要變成一種專注於自我的敬虔的俱樂部，只是增強成員的屬靈自我放縱，不挑戰他們對經濟和政治的假設。[58]但我們也可能將自我忽略提拔為藝術的形式。有些牧者對忽略禱告和研經感到很自豪，彷彿他們不需要上帝的道和聖靈培育。我不介意告訴你，我不能不培育身體、精神和靈魂。我不認為忽略平衡的飲食表示我多麼聰明或強壯。如果我對自己吃的東西不小心，我會付代價。我祖父嘗言，你可以給食品商金錢，或者給醫生金錢。對培育靈性也是這樣。

今天我特別強烈感到，門外的職事以干擾的形式出現。事實上，今天我有一半的干擾都是來自電郵和電話，另外一半則是人們親身到來。我仍然掙扎著分辨怎樣安排這一天，讓我以最好的精力應付值得應付的任務。有時結構出現，有時又消失，就好像良好和壞的時間管理模式一樣，但我比任何時候更肯定一點：我們的召命本身很大程度上幫助我們辨別必要、重要、良好、不好和多餘的事情。

25

感到耗盡

在牧者自己的生命考驗中試驗信心

親愛的羅伯特：

我對回信給你有點猶豫，因為我想更多思想你對我上一封信的回應。

如果我正確地理解你的話，你是説你就是不能再「代表」上帝。你那售貨員代表公司的比喻十分生動。你説在主日早上，你站起來講道時，你感到你要不是對你説話的對象不誠實，就是對你代表其「黨派路線」的上帝或自己不誠實。你説你厭倦了在面對世界的問題時，重複安慰人的陳腔濫調，你的講道只有關於愛我們的上帝的老生常談，雖然我們每天在晚間新聞都看到相反的證據。但是，問題會否可能在於我們怎樣看上帝，以及我們對上帝有甚麼責任，多於是上帝有任何真實的不足？

最近我探訪一羣神學生。麥克布賴德邀請我在他的課堂向他的一班學生演講。他們剛完成第一個新約希臘文課程，大約有一半人抱怨為甚麼要學習希臘文後才能夠接受按立。我的論據總是，如果你要傳講聖經，你應該能夠閱讀聖經。你可能說，你應該能夠挨近聖經，也就是需要接觸實際書寫聖經的那些語言，感受和辨別聖經經文的微妙之處，以熟知不同譯本和註釋的方式來思想聖經。

近年我也感到，或許學習聖經語言更重要的好處，是它令我們遠離聖經。我們感受到經文那多端的含糊時，它幫助我們掌握一點上帝的道那深刻的奧祕。我永不會忘記我第一次傳講主禱文的情況。我努力翻譯肯定是世上最為人熟悉的基督教聖經經文——那是很多基督徒每天都重複念誦的——卻發覺如果你嘗試將這個禱告翻譯成英語，它是多麼不明確。但我離了題。

我向學生說話時，發現有關學習聖經語言和所有需要細心思想的神學研究的一些新事物。我一直都在閱讀魯益師的《地獄來鴻》(我終於要買一本新的；因為我舊的那一本已經完全破爛。我實在十分喜愛這本書)，在其中他指出年青學生必須第一次自行閱讀希臘文的荷馬(Homer)時的困難。小時候，他可能喜歡插圖版的《奧德賽故事集》(*Tales from the Odyssey*)，對它那些英雄的胡作非為感到興奮。但面對一頁一頁的希臘文，閱讀荷馬卻又是另一回事。但如果那學生想真正、深深地愛荷馬的《奧德賽》，他必須超越節錄本和插圖本，閱讀原來的文本。我告訴那些學生魯益師所說的話，然後將它聯繫到，我所相信的一些關於我們牧養事奉的呼召的事情。

我們大部分人帶到神學院的信心，只是小孩子的信心，至少與牧者需要有的信心相比來說是這樣。在最低限度，它也是未完全發展，未經批判地檢視的信心。無論它多麼美好，都不能支持我們成為牧者。我告訴那些神學生，我們在半夜接到電話，知道發生了一件可怕的意外，趕到醫院，在救護車的後門打開時，我們是那第一個到場擁抱一對十分害怕的父母的人，他們的孩子在車禍中受了傷，躺在擔架上——在那一刻，那對父母和那個孩子和在禱告中支持他們的羣體，他們對我們牧者的需求，是任何刪節本或插圖本的信心都不能給予的。他們需要在牧者自己的生命考驗中試驗過的信心，以及在細心、有紀律、批判的研究和反省的洪爐中試驗過的信心。對我們大部分人來說，細心、有紀律、批判的反省始於神學院。但當然，這種工作永遠不會完成。永遠不會。

朋友，我告訴你這些事，不單提醒你，也提醒自己，我們批判地反省自己對上帝的理解，是永不會完成的。我知道你已經知道這點。請原諒我重複不需要重複的話。我不是說你的信心是刪節本和插圖本，而我的信心是成熟的版本。絕對不是！事實上，我相信你忍受的疑惑的掙扎指向你信心的深刻和成熟。我們沒有人是平均地成熟的。我們也不能因為我們應付過一個困難的問題（無論是牧養、個人、神學還是聖經難題），便能夠免去一再努力的必要。生命不是這樣的。信心不是這樣的。我們也不是這樣的。

你感到耗盡的其中一個原因，會不會是因為你承擔了不屬於你的角色？我們不代表上帝。耶穌基督代表上帝，完整、完全、充分地。當然，耶穌基督在上帝面前代表我們，完整、完全、充分地。我們的角色是見證耶穌基督，不是嘗試為祂做祂的工作。我認為在這現實中有休息——蒙福、仁慈和神聖的休息。我們承擔代表上帝的角色時，便將自己置於不可能的位置。我們開始想我們要為上帝辯護，正如你所說，講述那「黨派路線」，即使一切證據都反對我們。那實在是太重的擔子。而坦白說，上帝不需要我們的辯護。

科芬（William Sloane Coffin）曾經說過，大部分人失去信仰，是因為他們誤會了上帝是天父保護者，「負責生命中一切不受控制的不測事件」。他們在生命中遇到的「每一次失望」都減少他們可以懷著信心說出的關於上帝的話。[59]我認為這話至少有部分是真的，如果它是真的，對牧者便產生一個必然的後果。在我看來，牧者傾向在一條漫長的路上失去信心：那條路的開始是將上帝錯誤詮釋為我們的保單，是令我們不受生命的危險侵害的；接著，要不是否認在上帝給予那麼特別的自由的創造中生命有多危險，就是為一種簡化和單向的上帝觀作出辯護，彷彿那是他們賴以維生的理念。兩條路都可以引致失去信心。第一條透過否認——這條狹窄、封閉的小巷；第二條沿著筋疲力盡——這條擠滿人的行人道。兩條路都似乎是忠誠的（無論怎樣都維護上帝！），但我認為兩條路都建基於驕傲的罪（相信上帝倚靠我們維護祂的聲譽）。

上帝並不倚靠你，既不需要你維護祂的聲譽，也不需你持守你的信仰。正如以弗所書和希伯來書一再告訴我們，耶穌基督完全代表上帝，為了我們對上帝有信心。我們可以安息在這事實中，即使當我們覺得自己不可能相信這事實。

26

為失言而道歉

沒有給予別人應得的尊重

親愛的吉姆：

你的回應令我感動，坦白說，也令我謙卑。我不確實知道為甚麼，但當你提出某些問題或以某些方式說某些話時，我傾向幾乎出於本能地作出回應。結果我匆匆寄信給你，然後才有其他想法，那些想法本應是我最初的想法。對你的問題，我傾向**反應**而不是**回應**。希望你會原諒我在信中偶然的苛刻。我希望我說的話包含真理，即使當我說得不夠圓滑和敏銳時。

關於你閱讀《柳林中的風聲》（*The Wind in the Willows*）給你的孫女聽一事，我希望你可跟我多談一點。那是我喜歡的書。你認為它有深刻的靈性嗎？我確實這樣認為。「黎明大門的吹笛人」（The Piper at the Gates of Dawn）這一章所傳達的神聖意識，正是偉大的神學家奧托（Rudolf Otto）在他經典的《論神聖》（*The Idea of the Holy*）中嘗試傳達的，可惜這本書現在受到忽略。魯益師在《獅子．女巫．魔衣櫥》(*The Lion, the Witch and the Wardrobe*)和《裸顏》(*Till We Have Faces*)中也傳達同一種神聖的香氣。坦白說，對神聖的深度和驚奇，我認為我們更正教徒還有很多事情要學習。我們的會眾所渴望的，正好是這種驚訝地置身於在上帝的同在中那種感覺，面見那可畏的上帝、神聖的上帝、超越我們所有想像和知識和經驗的上帝、那位真的可以轉化我們成為上帝創造我們成為的完全人性的上帝。

在《柳林中的風聲》，當老鼠和鼹鼠站在神性的同在中時，牠們充滿敬畏。他們因為看見神聖的善良、能力和「說不出的愛」產生的恐懼和敬畏而大吃一驚(沒有其他詞語可以用)。

魯益師談到獅子阿施能(Aslan)、基督、君王、「整個森林的主」，祂啟發愛。但阿施能啟發的是在可畏和戰兢的另一邊的愛，因為雖然他並不安全，但他是良善的。在《裸顏》中，魯益師談及聖殿中合適地黑暗的角落，在那裏，深沉得人類知識不能測透的奧祕得到尊重。他明白畏懼是真正的信仰所必須的，因為沒有其他事情是對神聖的上帝的合適回應。

我們在所謂的兒童文學特別能夠尊重這種奧祕，這種神聖的感覺，但我們牧者在帶領崇拜時，卻沒有像兒童文學那樣尊重它，這不是很有趣(或許也有點憂愁)嗎？我一直在想這件事，特別是在今早收到你的信後。某個意義上，對神聖的敬畏位於基督教信仰的核心，比我們最珍惜的信念和價值觀來得更深刻。敬畏啟發謙虛和真正的謙卑。我是人。我不是上帝。

我沒有一刻表示相信耶穌基督不是「關乎生死的事情」，正如奧康納在《聰明的血》(*Wise Blood*)的序言中說。這肯定是其中一本最迷人的小說。但在同一篇序言中，她也明白敬畏的自由、敬畏的困境，我們應付的是上帝，我們嘗試一瞥在耶穌基督裏顯明的上帝，「在〔我們〕思想的背後，從一棵樹移向另一棵樹的不搭調人物」。

阿施能有著可以隨意在任何時間和地點(即使是他可能不特別受觀迎時)出現的能力，魯益師給阿施能這種能力時，我感到一件相同的事，或者和它十分相似的事。上帝是上帝。我們是人。伍德拉夫(Paul Woodruff)最近寫道：「敬畏要求我們對人和神之間的分別維持適量的感覺。」[60]因此，我們人性的奇妙、喜樂和意義，給包含在正確感受上帝和人、創造主和受造物之間的區分這感覺之內。當我們開始以為自己是上帝，或者除去人性是按著上帝的形象受造這特別的性質時，我們人性的奇妙、喜樂和意義便會被破壞。

這一切都引向我要說的話。我沒有總是將你應得的尊重給你，也沒有將上帝身為呼召你的上帝應得的敬畏給祂。我的語調有時是俯就和苛刻的。上帝呼召你以你的恩賜、你的視角和經驗事奉。有時我沒有嘗試在你的視角，並透過你的視角，聆聽你闡述事奉和教會，而是要求你放棄你商業背景的一切，接受我的辭彙和視角。你很耐心地聆聽我，但我卻並非總是耐心地聆聽你。我希望你會原諒我。

有時，當我們最焦慮時，對別人是最危險的。焦慮的另一面是憎恨。關於將消費主義和民族主義的整套文化規範引入基督教職事，我肯定感到焦慮。我害怕將信仰化約為商品，將人化約為數字，將職事化約為生意，將上帝化約為財產。我對你的問題和陳述的反應，彷彿顯示你代表那文化。事實上，你和我都是那文化的一部分，正如我們的教會一樣。我們和我們活在其中的文化之間，存在真實的張力。文化和教會的界限，不免是半滲透性的薄膜，而不是堅固的牆壁。

當然，我擔心我們社會那特定版本的個人主義和消費主義，以及它傾向將教會會友身分化約為參與一個會所或一羣思想相近的人的組織。但我同樣在意，信仰不單是我們透過羣體取得的東西，也要求某程度的個人回應。某意義上，個人主義也正面地影響了教會，更或許拯救了我們脫離跟常見於歐洲的國家教會的權利心態一樣危險的危機。轉化和模塑是信仰生命互補的方面，我們社會以經驗為取向的個人主義，巧妙地強調了總是給教會模塑基督徒的工作帶來力量的那種轉化。你一貫地提醒我這些事情。我卻沒有一貫地多謝你指出這些事情。

在給你的信中，我經常提及的神學反省，要求在我們自教會歷代的偉大遺產中給繼承下來的教會傳統以外，實驗新的語言形式。我需要對你說話時的意思更敏銳一些。我多次說教會的認信和教義，總是使用文化的產物去表達永恆。我聆聽你時需要真的相信自己說的話。

27
互相砥礪
因沒有經驗而死，或是被經驗蒙蔽而死

親愛的吉姆：

謝謝你極快地回覆我上一封信。你大方地原諒了我，並仁慈地說我「的靈的粗糙並沒有使一些痛苦的洞見被貶低」，那是我傳達給你，而你感到一定需要思想的。

我承諾在將來的信中盡一切努力，將你應得的尊重給你，並將上帝祂身為你的創造主和呼召你事奉的那一位而我所欠祂的敬畏給祂。在反對我們文化的粗鄙時，我屈從於它最粗鄙的其中一面——我們與自己不同意的人談話時缺乏文明——不是很諷刺嗎？

魏克（Karl Weick）在一篇關於領導的出色文章中，報告一個有關專門負責撲滅烈火的消防員的研究結果。他指出大部分死亡事件出現在兩組人中間：那些經驗不足兩年和那些有十至十五年經驗的人。第一組人死亡顯然是因為缺乏經驗。但更有經驗的消防員的死亡，卻令我感到驚訝。他解釋

說：「更有經驗的消防員是脆弱的，因為他們假設自己已經見過所有情況，對新資料沒有那麼開放。」[61] 你在火災當中時，很容易以為你的經驗會保護你，那火沒有任何新的事情教導你。但實際上卻不是這樣。

西特勒曾經說過：「我年紀愈大，明白的事情愈少。」[62] 有一種虛假的謙虛，它會說這種話，但卻完全忽略所說的。不過，西特勒從深刻和真實的謙卑這樣說，是由對上帝的敬畏和對受造身分的尊重所啟發的。我祈求良善的主會救我脫離以為自己沒有新事物可學的想法，因為我知道的一件事是：我不會不斷學習，除非我承認自己並不知道一切。

受教的靈是門徒訓練的要素。或許我們可以彼此教導。

28

離開牧養職事

讓上帝帶領我們進入那些黑暗的山谷

親愛的羅伯特：

你決定辭去按立的事奉，離開牧養職事，令我很難接受，特別是在你忠心地服事了耶穌基督和祂的教會多年以後。我不能告訴你這令我多麼傷心。我不相信你對信仰的這段掙扎已經完結。那只是你與上帝的朝聖旅程必不可少的一部分。

心靈有黑暗的季節，有可怕的黑夜，狂風怒號，屋頂震動，彷彿被暴風吹襲，但上帝在風暴中，黑暗中充滿著神聖的同在。上帝甚至利用最可怕的工具吸引我們深入信仰的生命。

我仍然記得多年前我們都是學生時，和你一起閱讀巴斯噶（Pascal）的《沉思錄》（*Pensées*）。他說：「任何不說上帝是隱藏的宗教都不是真實的」，記得我們怎樣感到他的話的真實嗎？你不斷重複巴斯噶的話：「內心自有它的理由，理性對此一無所知：我們以無數方式明白這點。」[63] 我個人當時需要聽到你這樣鼓勵，因為我不能理性地證明上帝的必須，我不能要求自己相信。你叫我停止嘗試將上帝變成要證明的代數公式，作出信心的跳躍，認真看待巴斯噶的打賭，冒生命的危險，彷彿它完全是真實的。我相信——我真的、真的相信——上帝帶領我們進入那些黑暗的山谷，讓祂可以帶我們到更深刻、更豐富的信心和信靠。你和我都不能令信心發生。信心是上帝的恩賜。

我想到我也必須信靠上帝。或許我必須為你信任上帝。不，不，不是這樣。就算為我自己，我也甚至不能對上帝有足夠的信任，更不要說為別人了。我必須信任耶穌基督為你信任上帝，正如我倚靠基督為自己信任上帝一樣，並倚靠祂與我分享祂對上帝的信任。我們畢竟是因為相信基督，而不是相信自己而得救。歸根結柢，那是我們所有的盼望，基督對上帝的信任，於我們是足夠有餘的。如果基督是我們信心的創始成終者，我會做的只是：我會將你交託給基督。

你想我在你連同信件的郵包到達時回信給你。我已經收到那郵包，會按你的要求去做。

朋友，我為你禱告。

在你思想這事時，讓我們繼續這談話吧，透過書信、電話或面對面，好嗎？請在「正式」做任何事情前停下來。讓我們多傾談，求求你，讓我們也一起禱告。

29

延續牧職的傳統

在得時與不得時

親愛的馬爾：

附上那晚我在電話談及的郵包。它包括兩件物品：一套便攜式流動聖餐設備和一本牧者版的《普天崇拜》(*Book of Common Worship*)。

正如我說過，我朋友羅伯特．奧爾布賴特（Robert Albright）要求教會讓他離開牧養職事。他相信自己失去了呼召和信仰。他寄這些東西給我，要求我將它們送給一位新牧師。

我感到這是羅伯特一個模棱兩可的姿態，我認為他自己也知道。一方面，他放棄他的牧養呼召的兩個十分真實和公開的象徵，彷彿在說他不想再與那呼召有任何關連。但另一方面，他想根據悠久的傳統，將它們交給一個新牧師，彷彿在說這職事於他仍然重要，他希望這職事會繼續下去。

我想你將它們視為禮物收下，我也希望你寫一封信多謝羅伯特。我附上他的地址。但如果我可以那麼大膽的話，我也要求你將它們當為只是借給你的禮物。無論羅伯特的生命和呼召此後發生甚麼事，這些禮物（事實上也包括我們珍惜的一切）都只是借給我們。我們都將這職事一直傳下去，正如我們按手在新按立的人身上時所象徵的那樣，有一天你可以將羅伯特的禮物送給一位新牧師。但在另一個意義上，我希望也祈求有天羅伯特會需要取回這些東西。我會尊重他的意願，當然也會尊重他的自由。但我也會繼續祈求他會再次承擔他放下的職事。我盼望我有天需要要求你歸還這些物品。

30

沒有時間慢慢成熟

牧養藝術是由實踐帶來、培育和增強的習慣，要給它生長的時間

親愛的多蘿西：

你最近的信提醒我哲學家伊比德圖（Epictetus）的一句話，他是羅馬皇帝尼祿統治下的一個斯多亞派（Stoic）哲學家。他說：「沒有偉大的事物是突然存在的。」我會對你說的只是：要對自己有耐性。牧養智慧不會很快來到——也永不會達到完美！

我近來強烈地感到這種感覺，因我反省到自己對一個年青的同工缺乏敏銳，又無力幫助一個老朋友。

讀了你的信後，我從書架拿出我殘舊的洛布文庫（Loeb Library）版本的伊比德圖，閱讀他給別人的建議，有人問他，如果他的兄弟拒絕與他和解，他應該怎樣做時，伊比德圖對那人說：「如果你現在對我說：『我要無花果。』我會回答說：『那需要時間。讓那棵樹先開花，然後結果，然後讓果子成熟。』」[64]生命中真正重要的一切都需要時間。如果這

對卑微的無花果來説是真實的，對人類的生命來説不是更真實嗎？

我認為有時我們牧師在太短時間對自己有太多期望。好牧者的品格——那些本能、技巧和觀念——在我們實踐牧養職事時慢慢建立。牧養藝術是由實踐帶來、培育和增強的習慣。不是「實踐帶來**完美**」，而是「實踐帶來**我們**」。我們從未停止學習、戒除和學習更多。這可能是我們教導會眾的最重要事情，也是我們以行動教導比以言語教導來得更有説服力的事情。身為牧師，我藉著戒除不仁慈的習慣，以及給別人恩典（恩典是沒有人配得的）而教導恩典。我藉著戒除小器、卑鄙和頑固的習慣，以及饒恕別人（饒恕別人，彷彿我因此才能得到上帝饒恕）而教導饒恕。我藉著戒除憎恨和排擠的習慣，以及那種保護自己免受耶穌基督十字架的危險的堡壘心態而教導愛。

巴科斯特的話令我害怕。多年以前我將這段話寫成書法，掛在辦公室內。我現在忘記了他在那裏這樣寫。「最後，留意你會不適合你接受的偉大工作。」由於牧者蒙召指導別人明白救恩的奧祕，牧者必定不能「在知識上作嬰孩」。但我知道嬰孩不能很快地成長。事實上，沒有任何持久的東西可以很快地成長。只有野草和菌類才生長得快。沒有人藉著拉扯幼樹而令橡樹成熟。人類成長得緩慢和不平均，我們需要嘗試對自己好像上帝對我們那樣有耐性。

多蘿西，我想我知道你對我的建議有甚麼想法。你進入事奉後十年便到達退休年齡。**你沒有時間慢慢成熟**。但我祈求你會給自己休息一下。上帝以你的恩賜、你的潛質和你的限制呼召你時，祂知道自己在做甚麼。提摩太後書的作者鼓勵年青的牧者不要讓人小看他年輕。我想像提摩太可能也有點輕看自己的年輕。但作者只是要求他將自己的年輕交託給呼召他事奉的基督。我可以給你類似的勸告嗎？不要讓你自己（或別人）輕看你的「年長」。將你整個生命，包括你的年紀，交託給呼召你事奉的主。

關於牧養職事，有沒有事情是你想從裏面更深入地明白的？關於身為牧者，有沒有事情是你希望自己在二十五歲而不是五十五歲才學懂的？當然有。但上帝在你身處的地方呼召你走向上帝自己的將來，我相信那是你蒙召實行的事奉，是別人不能實行的。

或許我們需要耐心對待的不是自己，或許我們也需要對上帝有耐性。

31
怎樣控制自己的情緒
在會友的安息禮拜中講道，及不讓事奉的不快影響家庭

親愛的蘇珊：

對你最近期的問題，我不肯定我可以有充足的智慧作出回應。在這方面我肯定也犯了錯。不過，我想為你對家人的敏銳而鼓掌。我希望更多牧者好像你那樣校準自己的天線。

在一天結束時回到家裏，實在很難不以那天的委屈和挫折弄污自己的家。我十分清楚記得那對我家庭的影響，特別是當我在事奉初期，在某間教會服事期間。每天我都將自己的不同衝突、挫敗、爭執和困難帶回家裏。有時，晚上在家裏的張力是那麼可怕，以致家裏的房間看來像是有本身的大氣圈似的——濃厚、陰冷的氛圍，令家人難以呼吸。我不斷令問題惡化。我會將與長老的爭論，打算離開教會的會友的抱怨，兩個會友之間的爭鬥，孤單一人、健康日漸惡化的年長婦女的心碎，都一一帶回家裏。正如你十分清楚，在牧者忙碌的一天裏，可以有很多事情發生，而且很多事情都充

滿各種情緒。我將它們全都帶到家裏，不斷塞進我太太的耳朵，將這一切全傾倒在她身上。甚至我的孩子也聽見這一切（至少是其中大部分）。

我太太和孩子很愛我。他們想在艱難的時候支持我。他們知道我在召命中感到孤單。他們盡最大努力與我同在。但情況變得那麼糟，以致我認為他們害怕看見我。

在某一年的將臨節，我突然醒悟過來。我現在記不起教會除了慣常的忙碌外，還有甚麼事情發生。我記得的是有一晚我睡不著覺。屋裏其他人都睡著了，我坐在房間看電視——或者只是望著電視。當時在播放卡普拉（Frank Capra）的經典電影《風雲人物》（*It's a Wonderful Life*）。可憐的喬治心煩意亂。他對家人發怒，他的孩子在哭，最後他的妻子叫他不要再折磨他們。我感到震驚。沒有「天使克拉倫斯」探訪我。沒有那麼戲劇性的事情發生。我只是深深相信我不能繼續那樣對我的家人。

剛巧大約一天後，我和鄰近的一位牧師在交談。他和我定期一起喝咖啡，大部分時間都談論城鎮中發生的事。雖然我們沒有怎樣談及真正重要的事情，但我認為，當時他跟我的關係最能夠算為是朋友的關係。他在另一個宗派事奉。或許因為這樣，我決定冒險與他分享我對家人的關注。他耐心地聆聽，然後告訴我，他剛剛看到的一個關於牧師和他們子女的研究的內容。研究人員發現，透過牧師父母接觸到教會內部運作的孩子，在長大後傾向離開教會。孩子不需要過早在生命階段前期聽聞教會生活的政治面向、衝突和不同意見等。他們需要**好像孩子**那樣經驗教會，純真和信任地，知道教會培育他們的基本能力。他們在生命階段較後期有很多機會更全面地認識教會，包括它的政治面向。我突然發覺自己的痛苦最終可能會成為我孩子和基督的教會之間的障礙。

我的同工說他看了這個研究後便和太太立約。他們不會在孩子面前談論任何他們經歷的教會政治。每天他們也會分享工作中一個負面故事和一個正面故事，就是這樣。他告訴我，他太太是公立學校的教師，所以她也有很多故事可以分享。有時晚上他們沉浸在他所說的「負面聚會」中，直到上牀休息。但這一切都停止了。他們會分享那天一個好故事和一個艱難的故事，為兩個故事禱告，然後便繼續前進。

他說他們要克服的第一個障礙，是他們養成的不快樂習慣。他們發覺如果他們不抱怨工作，便沒有甚麼話要跟對方說。於是他們認真地一起重新評估自己的生命。這就是他們的婚姻以及親職的新開始。最終，他參加了由一位富經驗的治療師帶領的牧養支持小組，她也開始了進修一個研究屬靈導引的課程。

我的同工那天給了我一份了不起的禮物：脫離那具破壞性模式的牧養行為的方法，那種行為可能無可挽回地傷害我的家庭。他也邀請我加入他的牧養支持小組。我在第二個星期便這樣做。那個小組讓我將我接受的有用批評從只具破壞性的批評之中區分開來。它幫助我在衝突之中取得視角。它也幫助我在恩典中成長。我的同工經常提醒我，上帝的恩典不是有條件的；雖然我犯錯，但上帝仍然愛我。我可以承認我的失敗，從中學習和成長，而不是害怕地不讓別人知道，恐怕如果人們知道我的錯誤，上帝不會再接納我。談及「繼續賜予的恩賜」！

現實是牧養職事將我們放在人們所面對的一些最富感情的經驗中。人們期望我們陪伴他們走過生命各種重大的轉折：出生、結婚和死亡，以及他們患病和分離這些意外的緊急事故和悲劇。我們帶著所有這些事件累積的殘餘情感，**加上**自己的情感掙扎。相信我們的家人——特別是我們的配偶——可以承受這一切，是不切實際的。我們需要有地方整理這一切。我們需要這些地方是安全的，可以讓我們展示脆弱的一面、開放自己、相信自己的祕密會得到保密。

我不肯定你有沒有這樣的小組，但如果沒有，我鼓勵你去找一個。一旦我這樣做後，牧師宿舍再次成為家。沉重、在情感上有毒的大氣圈變得清新，我的家人每晚都想見到我。

你提出的另一個問題，觸及我們情感和屬靈健康的另一方面。你問我：「你在會友的安息禮中勸慰講道時，怎樣控制自己的情緒？」

談及情緒！我經常說，如果明天上帝呼召我做牧養職事以外的事奉，只有一件事是我不會想念的，那就是：為我愛的人主持喪禮。身為牧者，至少在某程度來說，我們永遠不會克服哀傷。明白我的意思嗎？沒有任何一刻，是我沒有因為某些損失而感到某個程度上的哀傷的。

譬如說，一個家庭失去了一個成員。視乎他們與死去的人有多親密，他們可能哀傷一年，有時可能極度哀傷。但在那一年間，那哀傷漸漸消除，特別在那年之後。接著哀傷便會消失，因為一般的家庭不會每年都有成員離世。換句話說，很少人經常都在哀傷中。

但你在某一年很可能經常主持喪禮，你會因為他們離世而哀傷，視乎你與他們有多親密而有多哀傷；因為你培養了很大的關係網絡，你大致會不停地哀傷。可以說，它提升了情緒的地下水位，很多時候，你與情感負荷過重之間的距離，比你知道的更近。我認為我們需要察覺這點，我們需要確保我們有方法談論我們的哀傷。否則那哀傷會以不恰當的方式偷偷闖進我們的行為和言語。我們可能發覺自己很容易憤怒、很容易焦慮等等，但實際上，那是我們內心深處在處理那些沒有解除的哀傷。

但作為給你那實際的問題的回答，我會說沒有簡單的**技巧**可供用來「控制情緒」。不過，我們沒有意識到自己的哀傷時，那哀傷會趨於妨礙我們蒙召提供給會眾和哀傷家庭的服事。我記得一位同工（那是很多年以前，他已經去世），在我參加的一個喪禮中，他深深被自己的哀傷佔據，以致在整堂講道——事實是在整個安息禮——中，都在講述他與死者的關係。在耶穌基督裏見證死人復活，也被推到那次安息禮的一邊，更完全遺漏了死者與教會和家人的關係。事實上，除了她觸及牧師的生命外，完全沒有對死者的救贖性的記念。哀傷可以令我們十分自戀！

我想確保我恰當地處理自己的哀傷，以致我可以實行我身為牧師的召命。你問我：「你在喪禮講道時有沒有哭起來？」有的。曾經有兩次。第一次是在一個小孩子的喪禮。第二次在不太久以前，在我教會一位長老的喪禮。第一次的原因很容易明白。在第二次，我在兩星期內主持了四個喪禮，感到筋疲力盡。我沒有處理自己的哀傷和憂愁——以及疲倦。在站在會眾面前時，這一切都湧上來。我有點哽咽，然後完全崩潰。

一位我很尊敬的牧師曾經告訴我，他身為牧者最困難的一次考驗。有一個年青人，他是青年小組的領袖，也是他女兒的好朋友，只有十六歲，死於交通意外。是這位牧師替這個年青人施洗的，牧師看著他長大和成熟，在他父母離婚時，幫助他渡過一些很艱難的日子。

牧師感到震驚，情感完全崩潰。在安息禮舉行前，他坐在書房內。他和自己作一個交易。他穿上牧師袍時，會想像自己由頭到腳都穿上自己的召命。這召命會照顧別人的需要。他會宣告復活，會照顧那些哀傷的人，並會陪伴那些在安息禮期間和之後需要牧師的人。但當安息禮完結，接待完成後，他回到書房時，他會除去召命的記號，容許自己流淚痛哭。為了牧者、講員和安息禮主持人的召命，他會在自己和自己的情感需要之間，建立一點距離，但他承諾，有一刻他也可以哀傷。他就是這樣做。他穿上牧師袍，戴上聖帶，出去講道，帶領崇拜，以自己的心支持著人們。崇拜和接待後，他回到書房，脫下牧師袍，在哀傷中痛哭。

這其實沒有甚麼祕訣。我們需要具有人性的忠誠，並有警覺性。要記得：哀傷是為了愛我們的會眾而付上的代價。這是值得付的代價。但最終那帳單是需要支付的。

我知道有些人利用基督教教義作為不認真看待哀傷的許可證，彷彿復活的應許最終消滅一切因損失帶來的感受。我也知道有些人似乎不十分認真看待復活的應許，以致他們的哀傷，跟沒有盼望的人的哀傷，完全沒有分別。我相信基督教信仰號召我們認真接受復活的應許，也認真看待愛人死去時的哀傷。確有病態地否認哀傷這回事。它對情感健康或基督教信仰都沒有好處。身為牧者，我們可以透過榜樣和言語，幫助別人好好地哀傷。如果我們關心自己蒙召提供的事奉的質素的話，我們肯定不能忽略自己身為牧者的感情。

32
兩個文本
聖經的文本，以及會眾的文本

親愛的保羅：

我認為你的論點值得進一步思想。講員每主日至少要處理兩個文本：聖經的文本，以及會眾在歷史時刻中所處的社會處境這活生生的文本。講員需要閱讀和聆聽和**解釋**會眾，就好像他們對待聖經那樣。兩種解釋都要求禱告、關心、尊重和留意聖經和人類處境的整合。

你現在提出這個問題，實在有趣，因為我正在閱讀一本書，坦白說，那是我應該在多年前閱讀的書：沙因（Edgar Schein）的《組織文化與領導》（*Organizational Culture and Leadership*）。沙因是麻省理工學院的教授。在關於講道的談話中引入一本關於組織行為的書，我知道這似乎有點奇怪，但是，對於解讀會眾，沙因可能可以給我們幫助。我只想提他眾多洞見的其中一個，將它應用到教會生活上。

如果我們想準確地閱讀會眾，必須要能夠從表面的「人工製品」，例如會眾「可見的組織結構和過程」，走向會眾「信奉的價值觀」、「它的策略、目標、哲學」。沙因稱這些為它「背後基本的假設」、「不自覺、視為理所當然的信念、觀念、思想和感受」，它「價值觀和行動的最終來源」，實際上構成它的「不容商榷的論點」。[65]

要正確閱讀我們的會眾，需要對他們實行一種文本考古學的研究。我們需要研究他們所有人工製品，我們可以接觸到的一切可見事物——他們聚集在那裏的建築物的結構，他們使用的語言、通訊，他們的衣著，在他們之間流傳著的關於教會和它的英雄的傳説，他們所守的禮儀等等（可見的一切！）。我們需要聆聽會眾「説」他們珍惜甚麼和相信甚麼，對於引導他們的神學他們「信奉」甚麼，他們尋求甚麼目標，以及怎樣證明尋求這些目標是正確的。

但我們尋找的實際上是在更深的地方。我們想知道，關於世界和上帝，有甚麼是我們的會眾真的視之為根本的、假定是真理的，有甚麼是我們的會眾十分關心，以致甚至不用宣諸於口的。

有時，這些「背後的基本假定」支持著會眾信奉的價值觀。有時，它們與那些會眾信奉的價值觀有衝突。有時，那些假定彼此衝突。

一位現在已經安息的老牧師曾經告訴我，講員最大的挑戰是發現自己的會眾利用甚麼眼鏡來讀聖經。我認為他在説一些所有牧者都需要知道的事情，也是沙因可以幫助我們學懂的。

我開始閱讀沙因的書時，我心裏建立的觀念是這樣的。要明白會眾背後的基本假設和價值觀，要真正深深感受到他們怎樣看世界，以及明白他們用來閱讀一切(包括聖經在內)的眼鏡，我們肯定需要留意，我們可以找到的所有人工製品，以及會眾「官式」信奉的價值觀和信念，但我們也必須做更多事情。我們也必須找方法，容許他們對世界的最深假定被揭露出來。而——在這裏整件事情有點令人膽怯——找出對會眾來說甚麼是真正重要的東西，最好方法是引入改變。[66]

我幾年前在附近一間市郊教會見證了這點。這間教會會眾人數停留在大約二百五十人。有很長時間，會眾都信奉教會增長的價值。建立這間教會的牧師退休時，他們找來一個新牧者，新牧者接受他們所說的話，相信他們真的想人數增長。到了教會不久後，在教會管理委員會的同意下，新牧者採取好些步驟幫助教會增加新會友。對佈道及外展委員會的重組，教會周圍的新指示標誌，泊車設施的擴充，嬰兒室的擴充等等，似乎人人都感到滿意。事實上，每個人都似乎頗為滿意，**直到**教會實際開始有增長時。在六個月內，教會多了五十個新會友。三個月後，又來了另外三十五人。很快教會便出現了很多新面孔。

聽起來可能令人感到奇怪，但到了這時，會眾出現了嚴重衝突。焦慮好像瘋了一樣擴展，特別是在資深的會友之間，他們開始說教會失去了一些東西。一年後，衝突變成公然的分歧和憤怒的陣營。牧師和管理委員會坐下來思想究竟發生了甚麼事。正如你可能猜到，他們發現「教會增長」這個會友信奉的價值觀，與關於教會的性質那一套更深的假設，兩者之間是有衝突的。教會的穩定是圍繞「每個會友都十分認識其他會友而且認識了很久」這種感覺建立的。他們都認識別人的家庭、個人歷史等等。這深層的親密，現在因為人數增長而受到威脅——事實上，它已經受到影響。有趣的是，教會的增長又再停頓下來，這次停留在三百五十人。「新」牧師最近宣佈他蒙召去另一間教會。會眾在重議他們信奉的價值觀和背後的假定方面，算是成功了，但不是非常成功。或許更重要的是，會眾現在以他們以前從未有過的方式，明白自己背後的假定，他們承認這些假定和他們關於教會增長所信奉的價值觀，兩者之間是有距離的。

我告訴你這一切，因為我們同意特別專注於講道這題目上，其原因在於：牧者身為講員，必定不能看不見牧者身為領袖是甚麼意思。事實上，牧師從講壇帶領。

我在想，這個講員可以怎樣幫助這間教會接受他們背後的假定，以及講道本身可以怎樣幫助會友根據自己信奉的價值觀重議這些假定。我當然不是說，可以或甚至應該，解決所有價值觀之間的衝突。有時講道應該**增強**張力，而不是過早地解決張力；有時我們的價值觀會繼續有衝突，只是因為它們互相排斥或競爭。但擅長閱讀教會文本和聖經文本的講員，可能可以幫助教會測試他們背後的假定，擴闊他們的理解。

當然，如果那位牧師問我，我會建議他不要在教會引入任何重大改變，為期大約一年。新牧者需要時間，從人工製品中學習自己能做甚麼，才尋求剝去教會生命的更深層次。如果新牧者等教會和他建立了更深的個人聯繫時，才作出改變，他和他們可能可以找到方法重議教會背後的假定，改造教會信奉的價值觀，令會眾人數增長，而又不致失去那些更難接受增長（和改變）的人的支持。

可惜，這新牧者落入只是怪責會友「虛偽」的習慣之中，說他們在不想增長時卻表示想增長。會友則落入怪責新牧師的習慣，說他不愛他們，不認識他們便嘗試改變他們。我閱讀沙因時，想到我們在教會中的人怎樣比世俗世界的領袖更快開始互相指摘。沙因在描述組織行為時，那幾乎如臨牀診斷的直言，提醒我們，對於教會抗拒改變此一自然過程，不必視之為「針對個人」的事件。沙因說（我將他的話轉為特別指教會）人們不會「聽到」關於他們教會的本質被揭露出來的事實，身為教會的會友，甚至會有失去身分的感覺，因為他們的理想和他們深深持守的假定受到質疑；我不能不想到，我們對自己和教會的會友，應該能夠更有耐性、更仁慈和更慷慨，幫助他們找方法感到安全和有保障，以致能夠更深入地看我們分享的生命。[67]

弗里德曼曾經說過，每個來找輔導員的人都與治療師訂立了不言而喻的合約。那人等如說：**我想你幫助我變得更健康，但我會盡一切努力阻止你成功**。關於牧養職事也可以說同樣的話，但這不是因為人們虛偽。那只是因為事情就是這樣。我認為牧者有責任對這份抗拒改變保持一種牧養和神學的視角，至少有部分責任如此，即使(或許特別是)在他們基本上支持改變時。如果我們最終的關注是教會的屬靈健康，我們就是不能以「我們對抗他們」來詮釋抗拒。[68]

一天，一個年青的朋友告訴我，有時他希望成為熙篤會(Trappist)的修士而不是牧師。我肯定大部分牧者都感到這種拉扯——特別是當他們在他們活在其中的社會，嘗試明白他們要好好帶領教會必須明白的一切時。我提醒那位年青的同工，大貴格利曾警告說，如果我們這些蒙召事奉的人逃避責任，不以講員和牧師的身分服事我們的鄰舍，反而選擇「退入安靜中……默想」，上帝會審判我們，「根據我們可能執行的公共服事判定我們有罪」。貴格利寫道：「事實上，甚麼內心的傾向在他裏面反映，誰可以執行可見的公共利益……但選擇自己的隱私而不是別人的利益，看見至高的父惟一的兒子從祂父懷中來到我們中間，讓祂可以造福多人？」[69]正因為這樣，有時基督教傳統稱牧養職事為「世俗的」呼召，而不是「宗教的」呼召。

33

找安全的地方分享自己的掙扎和挫敗

牧者可以與自己教會的會眾和同工成為朋友嗎？

親愛的蘇珊：

我嘗試回想自己究竟說了甚麼，竟給你帶來我認為牧者比其他人更難得到友誼這個印象。那不是更容易，這是事實，但也不是更困難。對牧者來說，更困難的是找到安全的地方分享他們的掙扎和挫敗。

牧者往往跟我說，他們對於向某些同工開放自己而感到不自在。他們在與自己同一宗派的同工一起時，有時是最沒有安全感的，特別是當他們的同工可能在他們未來的呼召中扮演一個角色時。

牧者也告訴我，他們對教會的會友不能完全開放。我想他們這樣說，基本上是表示他們不想混淆身為牧者的角色，或者逾越可以削弱他們的呼召的界線。

不過，你的話引起一個相關的問題，是我聽過牧者以各種方式回應的：「牧者可以與自己教會的會友成為朋友嗎？」

表面來看，這是你想明確地作答的一個問題：「當然可以。如果你不能與你教會的會友成為朋友，你可以與誰成為朋友？」一位退休的牧師告訴我，他幾個最長久、最親密的朋友，都來自他多年以來事奉的教會。他與他們一起渡假，以他們的名字為自己的孩子命名等等。他說牧師假裝他們不能與自己教會的會友成為朋友只是愚蠢和自大。

其他牧者卻告訴我一些不同的事情。雖然他們與教會的會友維持深厚和親密的關係（他們稱為友誼的關係），但他們嘗試不忽略自己要以牧者身分服事，肩負帶領整間教會這更大的責任。他們努力提醒自己不要忘記身為牧者的角色，這表示教會對他們的要求有時比某個朋友的要求優先。

我不想在這裏將張力減低，也不想在任何一方面失卻平衡。我個人與我服事的教會裏的一些人成了非常好的朋友。但是，即使是這些友誼中最好的那些情誼，有時也會因為我牧師的角色而產生張力。我在一間教會裏結識的其中一位最親密的朋友，他是我們管理委員會的書記！我們的家庭也很親密。我們的配偶很親密。我們的孩子很親密。我們一起渡假，經常一起吃飯。我們真的是朋友。但我永不忘記，由於我身為牧師，我不能作一個他很想我作出的特定抉擇，因而有幾個星期大家要忍受彼此之間的張力。那張力幾乎影響我們的友誼，直到我們的配偶聚在一起，和我們一起坐下，告訴我們，她們不容許我們那樣！她們要我們將大家在教會的責任和我們的友誼（以及**她們**的友誼！）分開。

不過，這種張力不是牧者才有的。對嗎？很多朋友都要應付這種困境。

我確實認為，對於做任何事情，只要是可能引致與牧者的友誼有關的偏心指控，我們都需要特別小心。我們需要十分認真看待這種事情。我們需要保持適度的自我批評，確保我們的友誼不會引致我們為了整間教會的會眾而在牧養責任上作出妥協。教會需要我們成為它的牧者，我們必定不能損害這呼召。但我亦不能想像，牧者若與自己一起事奉基督的人之中沒有真正的友誼，其生命會是如何。

不過，我們可能需要更小心地思想，在這些友誼中建立特別的界線。

個人生命中有沒有哪些方面是我們不想與教會裏的朋友探討的？當然有。

有多少次，是我們可能向另一種朋友尋求幫助或輔導——家庭的朋友，事奉中的同工——而不是向教會中的朋友提出自己這些個人需要的呢？毫無疑問，一定有！

有沒有一些時候，我們對教會整體的牧養領導要求我們對某個會友特別克制，是我們平時不會這樣的呢？無可否認，一定有。

但這些困難是不能應付的嗎？同樣是可以應付的！我相信是可以的。

我曾經不相信牧者可以與教會的會友成為朋友。生命、愛和我們主的羣體，改變了我對這事的看法。

古代偉大的哲學家認為友誼是人類生命中其中一個最大的善。與另一個人為朋友，為了他或她本身而愛他或她，是珍寶中的珍寶。對基督徒更是如此！在基督裏成為朋友，因為你在朋友裏面找到活像基督的美德而愛他們，因為朋友本身而不是友誼能夠帶給你甚麼而喜樂——如果牧者與自己教會的會友錯失這一切，便實在可悲。但如果我們尊重我們的呼召，就好像我們尊重我們的友誼一樣，我們也必須小心不要因為其中一方面而出賣另一方面。由於呼召我們實行牧養職事的基督，也是呼召我們彼此進入友誼的基督，我們沒有理由出賣任何一方。

不過，我要提出一個警告。幾年前一位牧師流著淚來到我的辦公室。她與教會一個會友成為親密的好朋友。她絕對信任那個會友，開始與她分享自己因為教會其他會友而感到的各種挫折。可惜，她的朋友經驗證是不可靠的。事實上，她的朋友將她關於其他會友的詆毀話，告訴了很多不同的人，牧師發覺自己在會友中間受到羞辱。我不肯定她有沒有完全從這出賣中復元過來，或者找到方法再信任別人，不過我希望她能夠。但我也希望下次她的信心裏有更多的謹慎。

34
一張明信片

親愛的羅伯特：

我無法形容今早收到你的信時我多麼高興。我欠馬爾科姆一封信，今天就會寫給他。我計劃在你從退修中心回來後在你家裏和你見面。

35

是否值得？

如果我們是蒙召的，如果我們在其中能夠容許自己由上帝和我們服事的羣體支持，那便是值得的

親愛的馬爾科姆：

在上一封信中，你在思想在事奉第一年中遇到的困難時問我：「是否值得？」

是否值得？

我也問過自己這個問題。

在大約事奉了七年後，有一天我發覺自己失去了對事奉感到的妙美和喜樂時，問了這個問題。那時我準備會議，從一個探訪走到另一個探訪，每星期從半消化的研經衝去講道，太多時候在路上，只在縣兒童福利委員會（County Child Welfare Board）的會議和在扶輪社（Rotary Club）的演講之間偶然見到家人，我失去了整個目的和使命。我也失去了我在生命中視為理所當然的喜樂。

有著良好意願的單調繁重工作，令很多真誠的年青牧者精疲力竭。我幾乎因為追求所有關於嶄新和優化的牧養和

管理技巧的活動而耗盡。我們可能受到一種極嚴重的專制影響，特別是在我們對事奉充滿熱誠時。一天，我周圍觀看，發覺自己已經很久沒有因為自己喜歡而坐下聽音樂。也很久沒有抱著我太太和孩子，享受他們的擁抱。或者在休息室聽長者說話，只是為了聽那故事。或者讀一段聖經，只是為了聆聽上帝的道那活著的聲音。

多年以後，上帝將我放在一間無論我多麼努力贏取人們的愛，他們都不愛我的教會時，我也問這一切是否值得。最初我覺得那是咒詛。但其實那是祝福。我需要深入發現上帝的呼召的意義，作為事奉的推動力，而不是倚靠得到別人喜歡的推動力。那需要時間和眼淚，但最終我看到，正如加爾文很早以前已經知道，支持我們牧者的，是上帝的呼召。其他一切都不能夠。

是否值得？在事奉的艱難時刻，我們都會問自己這個問題。好像我們真的感到孤單時。或者我們背負上帝的道的重擔，甚至與我們最親密的人都不明白我們的感受時。或者當成為領袖帶領我們進入孤獨的時刻，令我們作出我們知道是不能逆轉的選擇時。或者每天踐行公共信仰的感覺，好像在海拔一萬二千尺上的山邊掙扎著向上爬，只是將一條疲倦的腿放在另一條疲倦的腿前面時。

如果我們是蒙召，那便是值得的。如果我們在其中能夠容許自己由上帝和我們服事的羣體支持，那便是值得的。我相信，事奉是要求開放弱點的至高行動，開放我們自己和我們的盼望、我們的信心和我們的夢想，在上帝的道和靈帶領下，在上帝的百姓中間，讓人知道和商討。

是的，那是值得的。至少對我來說是這樣。

我不知道還有甚麼生命會對我有那麼多要求，又給我那麼多回報。基督呼召我這樣跟隨祂，作為福音的執事，作為講員和牧師時，我不知道會遇到甚麼事情。我就是想起也感到窒息——甚至現在寫這些字時也是這樣——但我肯定，我透過我服事的人的面孔，一再遇見上帝。上帝透過容許我服事他們而救贖了我。

馬爾科姆，由於某個原因，你的問題令我想起坡旅甲的殉道。記得他嗎？這位受尊敬的老基督徒被羅馬人拘捕，帶到鬥獸場，在那裏被拋給野獸。羅馬總督可憐這個老人，說只要他以凱撒的福祉起誓，並譴責基督，便會給他自由。坡旅甲回答說：「我事奉了基督八十六年，祂從沒有傷害我：我又怎可以褻瀆我的君王和我的救主呢？」

閱讀坡旅甲殉道的古老記錄，我因為他信心那簡單的勇氣（那從來都不是那麼簡單的！）而驚訝。那勇氣看來有點奇怪，竟然一點也不英勇。坡旅甲沒有自負，他沒有自大或自義。他沒有對自己的英勇感到自豪。他沒有吹噓自己的忠心。他看來只是將他受洗歸入的十字架的路走到最後。這肯定是牧養呼召的比喻。

是否值得？在身為牧師的差不多四十年中，我發覺耶穌基督是我祖父總是稱呼祂那樣——「那善良的主」。基督令這呼召「值得」。我祈求四十年後你能夠說同樣的話。

牧養呼召和某些其他呼召十分相似——例如婚姻的呼

召。有時激情令人很容易愛，有時愛則是將一條腿放在另一條腿前面。有時愛是巡行，有時是在公園散步，有時你只是站在那裏，心想自己究竟去哪裏。我們在婚姻中背負彼此的重擔，無論是患病或健康、貧窮或富足。但更多時候，我們背負彼此令人討厭的習慣。回顧漫長而充滿愛的婚姻，因為有機會愛和被愛，好好和深深地認識另一個人，也讓另一個人認識，我為此而感激。婚姻的召命有一份持久的奧祕感；雖然我們很愛對方，也以為自己很認識對方，對方仍然真的是他者，幾乎全然是他者，包裹在奧祕中的另一個人。還有一種感覺，或許也是最重要的感覺，婚姻代表成為人的獨特方式，這種相對於另一個人而成為人的方式，本身就是透過信心而藉恩典得救。因為我們按照三一上帝的形象受造，除非我們在我們為之受造的團契中找到安息，否則我們都是不安的。那團契的一種形式肯定在婚姻的召命中傳遞。各種困難都肯定是值得的！

牧養職事這召命也是值得有各種困難的。但是，那些只有透過活出我們召命的困難才能夠得到的東西，是別人不能給予我們的。我思想你的問題（我很感激你邀請我思想你的問題）時，想到教會另一位非凡的初代聖徒。我記起愛任紐。很久以前，他說我們服從基督時，「總是學到有一位那麼偉大的上帝，而且是上帝以上帝自己的能力建立、揀選、裝飾和包含萬物；而在萬物中，包括我們和我們這個世界」。[70]這是以另一種方式說我們在上帝裏生活、活動和存在：或許對我們這些蒙召從事牧養職事的人來說，是那呼召令我們醒覺到這最深刻的現實。

如果我們受造是為了上帝是三一的團契（我相信我們受造正是為了與彼此和上帝享受這團契），牧者服事和帶領上帝百姓的羣體這個呼召肯定傳達恩典的道路，如果不是獨特地傳達，至少對那些蒙召從事這獨特召命的人來說，也是確定地和全面地傳達。多蘿西．戴曾經指出：「如果上帝不存在，聖徒的生命不會有意義。」[71] 對那些蒙召從事牧養職事的人，只有上帝那無所不包的存在才令我們的生命有意義。至少那是我們與所有聖徒的共通點。

我今天寫信給你，不單回答你的問題，也要求你退回我不太久以前寄給你的一些東西。我們說服我的朋友羅伯特去退修一個月，然後才最終決定是否放棄按立的事奉。他剛寫了信給我。他從退修回來。他會恢復牧養職事。所以，他需要他給你的那套便攜式流動聖餐套裝和《普天崇拜》。請寄給我，讓我可以還給他。

羅伯特似乎也回答了你上一封信的問題。是否值得？

他似乎說是值得的。

註釋

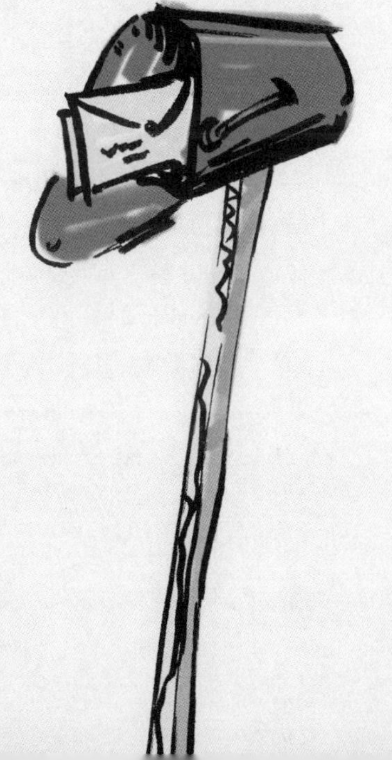

註釋

引言部分

1. Brian William 的出色論文，“Mentoring for Pastoral Formation: Gregory of Nazianzus and the Flight of Pastors,” *Crux: A Quarterly Journal of Christian Thought and Opinion*, published by Regent College 40, no.2（June 2004）：2～9，是展示拿先斯的貴格利的思想對現今仍然具相關性的新近例子，由 Brain William 和 Phil Reilly 合著的 *The Potter's Rib: Mentoring for Pastoral Formation*（London: Regent College, 2004），引用大量經典資源，為督導神學院學生實習提供神學的基礎。
2. Flannery O'Connor, *The Habit of Being*, ed. Sally Fitzgerald（New York: Farrar, Straus and Giroux, 1979）.
3. Phillips Brooks, *Lectures on Preaching*（London: H. R. Allenson, 1878）, 10.

書信部分

1. David Wood, "The Best Life: Eugene Peterson on Pastoral Ministry," *Christian Century* 119, no.6（2002）: 18～25.
2. Richard Lischer, *Open Secrets: A Spiritual Journey through a Country Church*（New York: Doubleday, 2001）, 232.
3. Lischer, *Open Secrets*, 232.
4. Reinhold Niebuhr, *Leaves from the Notebook of a Tamed Cynic*（New York: Harper, 1929）, 173～174.
5. John Chrysostom, *On the Priesthood*, trans. Graham Neville（Crestwood, NY: St. Vladimir's Seminary Press, 1984）, 80.
6. Robert Frost, "Kitty Hawk," in *The Poetry of Robert Frost*, ed. Edward Connery Lathem（New York: Holt, Rinehart and Winston, 1969）, 435.
7. Gregory of Nazianzus, "In Defense of His Flight to Pontus," in *The Nicene and Post-Nicene Fathers*, ed. Philip Schaff and Henry Wace, 2nd ser.（reprint, Grand Rapids, MI: Eerdmans, 1983）, 7:214.
8. Thomas à Kempis, *The Imitation of Christ*, trans. Leo Sherlye-Price（London: Penguin Books, 1952）, 39.
9. Ronald Ferguson, *George MacLeod: Founder of the Iona Community*（London: Collins, 1990）, 290.
10. C. S. Lewis, *Letters to Malcolm: Chiefly on Prayer*（London, 1964; Fontana edition, 1966）, 12.
11. C. S. Lewis, *The Screwtape Letters*（London, 1942, 1943, 1944; Fontana edition, 1955）, 9～12.
12. James B. Torrance, "The Ministry of Reconciliation Today: The Realism of Grace," in *Incarnational Ministry: The Presence of Christ in Church, Society, and Family*, ed. Christina D. Kettler and Todd H. Speidell（Colorado Springs, CO: Helmers and Howard, 1990）, 131.

13. Abraham Heschel, *The Prophets* (New York: Harper and Row, 1962) , 2:198.
14. Paul Sherer, *The Word God Sen*t (New York: Harper and Row, 1965) , 19.
15. Barbara Brown Taylor, *The Preaching Life* (Cambridges, MA: Cowley, 1993) , 52.
16. Phillips Brooks, *Lectures on Preaching* (London: H. R. Allenson, 1877) , 21.
17. Annie Dillard, " An Expedition to the Pole, " in *Teaching a Stone to Talk: Expeditions and Encounters* (New York: Harper and Row, 1982) , 40.
18. Abraham Heschel, *The Sabbath* (New York: Farrar, Straus and Giroux, 1951) , 20 ~ 21, 75.
19 John Chrysostom, *On Wealth and Poverty*, trans. Catharine P. Roth (Crestwood, NY: St. Vladimir's Seminary Press, 1999) , 7 ~ 38.
20. Gregory of Nazianzus, " In Defense of His Flight to Pontus, " 7:208.
21. 我在此感激畢德生幾年前在奧斯汀長老會神學院所作的一場講課。畢德生論及，牧養職事所需的大部分技巧，都可以在陰雨連綿的下午去學；而那身為牧者的真正難處，卻需要我們每天一再學習。
22. Joseph Sittler, *Gravity and Grace: Reflections and Provocations*, ed. Linda-Marie Delloff (Minneapolis, MN: Augsburg, 1986) , 83.
23. Basil of Caesarea, " On the Spirit, " in *Nicene and Post-Nicene Fathers*, ed. Philip Schaff and Henry Wace, 2nd ser. (reprint, Grand Rapids, MI: Eerdmans, 1983) , 8:48 ~ 50.
24. Jim Wallis, *The Soul of Politics: Beyond " Religious Right " and " Secular Left "* (San Diego, CA: Harcourt Brace, Harvest Books, 1995) , xvi.
25. Reinhold Niebuhr, *Moral Man and Immoral Society* (New York:

Scribner, 1932）, 1, 4.

26. Michael Dirda, "As I Live and Read: One Book Lover's Plea for a Literati Nation," *Washington Post National Weekly Edition*, August 2～8, 2004, 23.

27. Alain De Botton, *How Proust Can Change Your Life*（New York: Vintage, 1998）, 174.

28. Karl Barth, *The Epistle to the Romans*, English trans.（New York: Oxford University Press, 1933）, 28～31.

29. Jeremy S. Begbie, *Theology, Music, and Time*（Cambridge: Cambridge University Press, 2000）; Calvin R. Stapert, *My Only Comfort: Death, Deliverance, and Discipleship in the Music of Bach*（Grand Rapids, MI: Eerdmans, 2000）; and Julian Johnson, *Who Needs Classical Music? Cultural Choice and Musical Value*（New York: Oxford University Press, 2002）.

30. Sittler, *Gravity and Grace*, 93～94.

31. Martin Luther, quoted in Denham Grierson, *Transforming a People of God*（Melbourne: Joint Board of Christian Education, 1984）, 127.

32. George Herbert, *The Country Parson; The Temple*, ed. John N. Wall, Jr.（New York: Paulist, 1981）, 104.

33. Henry Hardy, "Reflection," *Insights: The Faculty Journal of Austin Seminary* 118, no. 1（Fall 2002）: 21.

34. Bernard Williams, "Toleration, an Impossible Virtue?" in *Toleration: An Elusive Virtue*, ed. David Heyd（Princeton: Princeton University Press, 1996）, 18.

35. G. K. Chesterton, *Orthodoxy*（London: John Lane, the Bodley Head, 1908）, 83.

36. Marjory Zoet Bankson, *The Call to the Soul: Six Stages of Spiritual Development*（Philadelphia, PA: Innisfree Press, 1999）, 19.

37. Arthur W. Robinson, *The Personal Life of the Clergy*（London: Longmans, Green, and Co., 1912）, 24.
38. Robinson, *Personal Life*, 25.
39. Robinson, *Personal Life*, 27.
40. John Updike, *Hugging the Shore: Essays and Criticism*（New York: Knopf, 1983）, 832～833.
41. Richard Baxter, *The Reformed Pastor*, ed. John T. Wilkinson, 2nd ed.（London: Epworth Press, 1950）, 74. Baxter 的牧養要職指引原版於 1656 年出版。
42. Helmut Thielicke, *A Little Exercise for Young Theologians*, introduction by Martin E. Marty（Grand Rapids, MI: Eerdmans 1962）, 33.
43. Baxter, *The Reformed Pastor*, 75.
44. Niccolò Machiavelli, *The Prince*, ed. Peter Bondanella, trans. Peter Bondanella and Mark Musa（Oxford: Oxford University Press, 1984）, 52. 所引用的句子，原為: "It seemed more suitable to me to search after the effectual truth of the matter rather than its imagined one..."。
45. 「我差你們去，如同羊進入狼羣；所以你們要靈巧像蛇，馴良像鴿子。」(太十 16)
46. Walter Brueggemann, *The Message of the Psalms*（Minneapolis, MN: Augsburg, 1984）, 15～23.
47. Baxter, *The Reformed Pastor*, 65.
48. Julian of Norwich, *Revelations of Divine Love*, trans. Clifton Wolters（London: Penguin Books, 1966），尤其注意 ch.2～15。
49. Neil Postman and Charles Weingartner, *Teaching as a Subversive Activity*（New York: Delacorte Press, 1969）, 35～37.
50. De Botton, *How Proust*, 179～180.
51. De Botton, *How Proust*, 179～180.

52. Niebuhr, *Leaves from the Notebook*, 92.
53. Clarence Jordan, *Sermon on the Mount*（Valley Forge, PA: Judson, 1952）, 101.
54. Philip Larkin, *Collected Poems*（London: Faber and Faber, 2003）, 58～59.
55. Abraham Heschel, *Between God and Man: An Interpretation of Judaism*, ed. Fritz A. Rothschild（New York: Free Press, 1959）, 233～234.
56. James MacGregor Burns, *Leadership*（New York: Harper and Row, 1978）, 25.
57. John Calvin, *On God and Political Duty*, ed. John T. McNeill, rev. ed.（Indianapolis, IN: Bobbs-Merrill, 1956）, vii.
58. 尤其見於 Dietrich Bonhoeffer, *Spiritual Care*, trans. Jay C. Rochelle（Minneapolis, MN: Fortress, 1985）, 7 ～ 27；及 *Life Together: Prayerbook of the Bible*, trans. Daniel W. Bloesch and James H. Burtness（Minneapolis, MN: Fortress, 1996）, 35～45。
59. William Sloane Coffin, *Credo*（Louisville, KY: Westminster/John Knox, 2004）, 16.
60. Paul Woodruff, *Reverence: Renewing a Forgotten Virtue*（New York: Oxford University Press, 2001）, 17～18.
61. Karl E. Weick, "Fighting Fires in Educational Administration," *Educational Administration Quarterly* 32, no. 4（October 1996）: 569～570.
62. Sittler, *Gravity and Grace*, 124.
63. Blaise Pascal, *Pensées*, trans. A. J. Krailsheimer（London: Penguin Books, 1966, 1995）, 74, 127.
64. Epictetus, *The Discourses as Reported by Arrian, the Manual, and Fragments*, trans. W. A. Oldfather（Cambridge: Harvard University Press, 1925, 1995）, 1:109.

65. Edgar H. Schein, *Organizational Culture and Leadership*, 2nd ed.（San Francisco, CA: Jossey-Bass, 1992）, 16～17.

66. Schein, *Organizational Culture and Leadership*, 30.

67. Schein, *Organizational Culture and Leadership*, 196.

68. 除了Schein 的研究及Edwin Friedman 的家庭系統理論，這封信還受惠於 Paul Hersey and Kenneth H. Blanchard 的"The Management of Change," in *Organizational Change and Development*, ed. Henry L. Tosi and W. Clay Hamner, rev. ed.（Chicago, IL: St. Clair Press, 1978）; John P. Kotter, "Leading Change: Why Transformation Efforts Fail," *Harvard Business Review*, March～April 1995, 59～67；以及最值得注意的Ronald A. Heifetz, *Leadership without Easy Answer*（Cambridge: Harvard University Press, 1994）。

69. Gregory the Great, *Pastoral Care*, trans. Henry Davis, S.J.（New York: Newman Press, 1978）, 31.

70. Irenaeus, *Against Heresies* 5, in *The Ante-Nicene Fathers*, ed. Alexander Roberts and James Donaldson（reprint, Grand Rapids, MI: Eerdmans, 1981）, 1:526～527.

71. Paul Elie, *The Life You Save May Be Your Own: An American Pilgrimage*（New York: Farrar, Straus and Giroux, 2003）, 465.

給新手牧者的參考書目

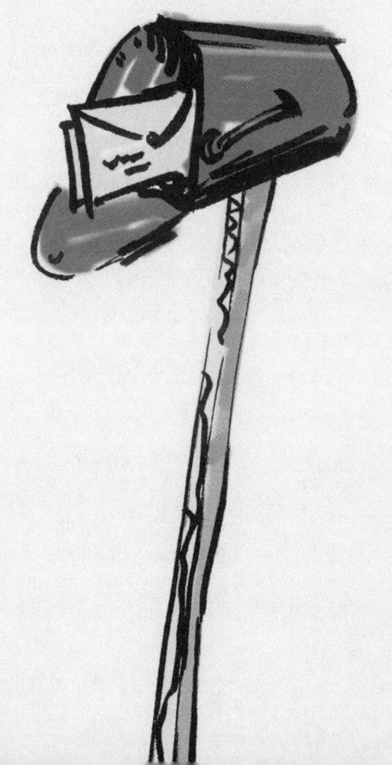

給新手牧者的
參考書目

以下書目不是巨細無遺的，只是一些建議。它在新手牧者尋求神學地理解牧養職事的召命時，提供一些必要的資源。我希望讀者會使用這個書目，正如我在信中提議那樣，藉以進入豐富的對話，那對話總能夠帶領我們走得更高和更深。

Ammerman, Nancy T., Jackson W. Carroll, Carl S. Dudley, and William McKinney. *Studying Congregations: A New Handbook*. Nashville, TN: Abingdon, 1998.

Anderson, Ray S. *The Soul of Ministry: Forming Leaders for God's People*. Louisville, KY: Westminster/John Knox, 1997.

Bartlett, David L. *Ministry in the New Testament*. Minneapolis, MN: Fortress, 1993.

Basil of Caesarea. *On the Holy Spirit*. Translated by David Anderson. Crestwood, NY: St. Vladimir's Seminary Press, 1997.

Baxter, Richard. *The Reformed Pastor*. Edited by John T. Wilkinson. 2nd ed. London: Epworth Press, 1950.

Beecher, Henry Ward. *Yale Lectures on Preaching*. New York: Fords, Howard & Hulbert, 1893.

Bonhoeffer, Dietrich. *Life Together: Prayerbook of the Bible*. Translated by Daniel W. Bloesch and James H. Burtness. Minneapolis, MN: Fortress, 1996.

________. *Spiritual Care* . Translated by Jay E. Rochelle. Minneapolis, MN: Fortress, 1985.

Brooks, Phillips. *Lectures on Preaching*. London: H. R. Allenson, 1878.

Carroll, Jackson W. *As One with Authority: Reflective Leadership in Ministry*. Louisville, KY: Westminster/John Knox, 1991.

Chrysostom, John. *On the Priesthood*. Translated by Graham Neville. Crestwood, NY: St. Vladimir's Seminary Press, 1984.

________ . *On Wealth and Poverty*. Translated by Catharine P. Roth. Crestwood, NY: St. Vladimir's Seminary Press, 1999.

Cozzens, Donald B., ed. *The Spirituality of the Diocesan Priest*. Collegeville, MN: Liturgical Press, 1997.

Craddock, Fred B. *Preaching*. Nashville, TN: Abingdon, 1985.

Cyril of Jerusalem. *Lectures on the Christian Sacraments*. Edited by F. L. Cross. Crestwood, NY: St. Vladimir's Seminary Press, 1986.

DeGruchy, John W. *Theology and Ministry in Context and Crisis: A South African Perspective*. Grand Rapids, MI: Eerdmans, 1986.

Dittes, James E. *When the People Say No: Conflict and the Call to Ministry*. New York: Harper and Row, 1979.

Dorsey, Gary. *Congregation: The Journey Back to Church*. New York: Viking Press, 1995.

Dudley, Carl S. *Affectional and Directional Orientation to Faith*. Washington, D.C.: Alban Institute, 1982.

Dulles, Avery. *Models of the Church*. Expanded edition. New York: Doubleday, 1987.

________. *The Priestly Office: A Theological Reflection*. New York: Paulist, 1997.

Fiddes, Paul S. *Participating in God: A Pastoral Doctrine of the Trinity*. Louisville, KY: Westminster/John Knox, 2000.

Fox, Susan E., and Kurtis C. Hess. *Here I Am Lord: Now What? Transition and Survival in the First Parish*. South Charleston, VA: Taste of Ministry, 1995

Freedman, Samuel G. *Upon This Rock: The Miracles of a Black Church*. New York: HarperCollins，1993

Gregory of Nazianzus. "In Defense of His Flight to Pontus." In *The Nicene and Post-Nicene Fathers*. Edited by Philip Schaff and Henry Wace, vol. 7. 2nd ser. Reprint. Grand Rapids, MI: Eerdmans, 1983.

Gregory the Great. *Pastoral Care*. Translated by Henry Davis, S.J. New York: Newman Press, 1978.

Grierson, Denham. *Transforming a People of God*. Melbourne: Joint Board of Christian Education, 1984.

Hauerwas, Stanley. *In Good Company: The Church as Polis*. Notre Dame, IN: University of Notre Dame Press, 1995.

Herbert, George. *The Country Parson; The Temple*. Edited by John N. Wall, Jr. New York: Paulist, 1981.

Heschel, Abraham. *The Sabbath*. New York: Farrar, Straus and Giroux, 1951.

Hopewell, James F. *Congregation: Stories and Structures*. Edited by Barbara Wheeler. Philadelphia, PA: Fortress, 1987.

Irenaeus of Lyons. *On the Apostolic Preaching*. Translated by John Behr.

Crestwood, NY: St. Vladimir 's Seminary Press, 1997.

Jinkins, Michael. *Transformational Ministry: Church Leadership and the Way of the Cross*. Edinburgh: St. Andrews Press, 2002

Jinkins, Michael, and Deborah Bradshaw Jinkins. *The Character of Leadership*. San Francisco, CA: Jossey-Bass, 1998.

Lischer, Richard. *Open Secrets, A Spiritual Journey through a Country Church*. New York: Doubleday, 2001.

Long, Thomas G. *The Witness of Preaching*. Louisville, KY: John Knox, 1989.

Marney, Carlyle. *Priests to Each Other*. Valley Forge, PA: Judson, 1974.

Mead, Loren B. *The Whole Truth about Everything Related to the Church in Twelve Pages*. Washington, DC: Alban Institute, 1988.

Minear, Paul S. *Images of the Church in the New Testament*. Philadelphia, PA: Westminster, 1960.

Newbigin, Lesslie. *Foolishness to the Greeks: The Gospel and Western Culture*. Grand Rapids, MI: Eerdmans, 1986.

Niebuhr, Reinhold. *Leaves from the Notebook of a Tamed Cynic*. New York: Harper, 1929.

Niles, D. T. *The Preacher's Task and the Stone of Stumbling*. New York: Harper and Brothers, 1958.

Oden, Thomas C. *Pastoral Theology: Essential of Ministry*. New York: Harper and Row, 1983.

Oswald, Roy M. *Crossing the Boundary between Seminary and Parish*. Washington, DC: Alban Institute, n.d.

________. *New Beginnings: A Pastorate Start Up Workbook*. Washington, DC: Alban Institute, 1989.

Peterson, Engene H. *Five Smooth Stones for Pastoral Work*. Grand Rapids, MI: Eerdmans, 1980.

________. *Working the Angles: The Shape of Pastoral Integrity*. Grand

Rapids, MI: Eerdmans, 1987.

Purves, Andrew. *Pastoral Theology in the Classical Tradition*. Louisville, KY: Westminster/John Knox, 2001.

Rothauge, Arlin J. *Sizing Up a Congregation for New Member Ministry*. New York: Episcopal Church Center, n.d.

Sittler, Joseph. *Gravity and Grace: Reflections and Provocations*. Edited by Linda-Marie Delloff. Minneapolis, MN: Augsburg, 1986.

Taylor, Barbara Brown. *The Preaching Life*. Cambridge: Cowley, 1993.

Thielicke, Helmut. *A Little Exercise for Young Theologians*. Introduction by Martin E. Marty. Grand Rapids, MI: Eerdmans, 1962.

Thomas à Kempis. *The Imitation of Christ*. Translated by Leo Sherley-Price. London: Penguin Books, 1952.

Torrance, James B. *Worship, Community, and the Triune God of Grace*. Carlisle: Paternoster Press, 1996.

Volf, Miroslav, and Dorothy C. Bass, eds. *Practicing Theology: Beliefs and Practices in Christian Life*. Grand Rapids, MI: Eerdmans, 2002.

Williams, Brian, and Phil Reilly. *The Potter's Rib: Mentoring for Pastoral Formation*. London: Regent College, 2004.

Willimon, William H. *Pastor: The Theology and Practice of Ordained Ministry*. Nashville, TN: Abingdon, 2002.

教會事工系列

伴您作多方面裝備，服事教會！

時間：歷久常新——教會年曆與靈命塑造
Ancient-Future Time: Forming Spirituality Through the Christian Year

韋柏（Robert E. Webber）著／陳永財 譯／周君善 學術校閱／ HK$128

崇拜：歷久常新
Ancient-Future Worship: Proclaiming and Enacting God's Narrative

韋柏（Robert E. Webber）著／陳永財 譯／ HK$98

崇拜與聖樂——理論與實踐全方位透視

陳康 著／ HK$128

不可或缺的教會——重獲流失的一代
Essential Church? Reclaiming a Generation of Dropouts

湯姆·雷爾（Thom S. Rainer）、薩姆·雷爾（Sam S. Rainer III）著／陳永財 譯／ HK$88

真誠的關係——發掘失落了的互為肢體之道
Authentic Relationships: Discover the Lost Art of "One Anothering"

韋恩·雅各布森（Wayne Jacobsen）、克萊·雅各布森（Clay Jacoben）著／陳永財 譯／ HK$78

人際衝突與靈命塑造

陳校慈 著／ HK$78

創意處理衝突——調解與重建關係的五堂必修課
Managing Conflict Creatively

唐納德 C. 帕爾默（Donald C. Palmer）著／何敏璇、石彩燕 譯／ HK$78

佈道日常：小組研習 12 課——在生活中傳福音談信仰
Holy Conversation: Talking about God in Everyday Life
理查·皮斯（Richard Peace）著／黃大業 譯／ HK$68

心靈關顧——修正基督徒的培育和輔導觀念
Care of Souls: Revisioning Christian Nuture and Counsel
貝內爾（David G. Benner）著／尹妙珍 譯／ HK$88

此時此道
孫寶玲 著／ HK$88

宣講之道——經文到講章之旅
孫寶玲 著／ HK$98

宣講中的聖經——生命更新的信仰記號
The Sign Language of Faith: Opportunities for Preaching Today
戴歌德（Gerd Theissen）著／許子韻 譯／ HK$83

事奉生命的建立——認識事奉的態度、原則與恩賜
郭鴻標 著／ HK$78

屬靈品格的建立——認識屬靈的操練、品格與價值觀
郭鴻標 著／ HK$68

門徒生命的陶造——認識作門徒的呼召、代價與成長
郭鴻標 著／ HK$68